WAC BUNKO

われ、目覚めよ！

橋本

JN196512

WAC

はじめに　情報統制の時代を生き残れ！

２０１０年2月26日、中国は「国防動員法」という法律を施行したんじゃ。この法律はな、中華人民共和国の国籍の人（公民）に対して、戦争が始まったならば軍事上の参加義務を定めた、とんでもなく恐ろしいものなんじゃ。

つまり、善良な人であればあるほど法律にちゃんと従うわけだし、兵士と非戦闘員の区別を曖昧《あいまい》にして「一般人」が「兵士」となり、もし交戦国が日本ならば日本人を殺傷する義務を負うわけじゃ。すでに、日本国内の中国籍の人の数は、自衛官と警察官をあわせた数よりも多いぞ。

それでな、さらに恐ろしいことがある。それは、この国防動員法の日本語訳が、外務省の認識と国立国会図書館の翻訳で全く違うことなんじゃな。まず、国会図書館海外立法情報調査室の宮尾恵美調査官による国防動員法の邦訳じゃ。

第四十八条　この法律で国防勤務とは、軍隊の作戦を支援する任務をいう。
第四十九条　満十八才から満六十才までの男性公民及び満十八才から満五十五才までの女性公民は、国防勤務を担わなければならない。

次に外務省の大菅岳史《おおすがたけし》外交官による国防動員法の認識じゃ。

「海外に居住する中国人にこの法律が適用されるという規定はない」（第１８９回国会参議院我が国及び国際社会の平和安全法制に関する特別委員会第十三号／平成27年〈２０１５〉8月26日）

見てわかると思うが、国会図書館の翻訳には「年齢」しか条件にない。つまり、子どもと老人は除外されるとしか書いてないが、外務省の認識では、いきなり「海外在住」が除外されるという規定が出てくる。
どちらが正しいんじゃろな？　もし、国会図書館の方が正しければ、日本はとんでもないことになるのが間違いなしじゃ。

このように、いま世界は「情報統制」の時代に向かいつつあるんじゃ。

情報統制ってな、要するに誰かの思想で「真実」を決めることじゃから、まあ、それが当たっていれば問題は起きないが、外《はず》れていた時に、集団死するレミングというネズミ（先頭が間違った方向に歩いていると先頭を信じた後続のネズミが、そのまま沼とか池に落ちて集団事故死する）みたいになるわけじゃな。

まさにこれ、日本が歴史で経験したことじゃよな。

たとえば、１９４４年秋の台湾沖航空戦では、大本営海軍部が「敵空母11隻撃沈」という大戦果を発表した。11隻も台湾近海で敵空母を沈めたならば、フィリピンに飛んでくる爆撃機や雷撃機はほぼゼロと考えるのは当たり前だよな。なので、陸軍はこの海軍情報を信じて、20万人近い兵力と武器弾薬、食糧を積載した輸送船団をフィリピン近海に発進させた。ところが現実は、敵空母部隊はほぼ無傷であったため、敵機が来襲し、輸送船団はことごとく沈められた。そして、あの飢餓の戦いを日本陸軍は迎えることになる。戦友の人肉を食べたとか食べなかったとかいう小説まで発表された、とんでもない情況になった。

もちろん、この時、頭の良い参謀が「誤情報ではないのか。撃墜した偵察機のパイロットを尋問したら空母から飛んできたと言っていたぞ」と陸軍司令部に警告をしていたんじゃが、「貴様、海軍の発表を疑うのか」と、逆に詰められ情報は握りつぶされた。実際は、至近弾の爆発を艦艇の爆発だと見間違えたという通説があるが、これもワシに言わせれば本当かどうかわからん。どんなスパイがいたか、わかったもんではない。そもそも、日本があの戦争に突入したのも、ナチスドイツがどんな残虐な思想を持つ奴らか正確に把握せず、日独伊三国間条約を締結して、米英との対立路線が決定したなど、いくつもの「情報の誤り」の集大成の結果だとワシは思うんじゃ。

そしていま、この悪夢の歴史が再現されようとしとる。

石破茂総理は、日米安全保障条約の形骸化を間違いなくもたらす「アジア版NATO」なる外交構想を発表し、中華人民共和国を同盟国にするという事実上の「米英との対立路線」をすでに発表しとる。

中華人民共和国は、チベット人やウイグル人など、信仰を持つ民族集団に対するジェノサイドをしていたことが、第1次トランプ政権末期に発表され、世界的非難を浴びたが、バイデン政権になると、そのような情報がメディアからたちまち消えてしまったよな。

当時のナチスも「ユダヤ人迫害なんてありませんよ」と懸命に宣伝していてな、ベルリン・オリンピック（1936年）では、ユダヤ人選手のヘレン・メイヤーというフェンシング選手が「ハイル・ヒトラー」と世界のマスコミの前で右手を高く突き出して叫び、ユダヤ人のみんなもヒトラー総統が大好きだとアピールしたんじゃが、実際は親族がすでに強制収容所に送られていて、単に脅《おど》されていただけだった。

でも、こんなことで情報は統制できるし、多くの人をだますことができたわけじゃな。中国も北京冬季五輪（2022年）では、ウイグル人の子どもを開会式の演出に使い、ウイグル人も中国大好きアピールをさせていたぞ。

歴史には再現性がある。こんなことで日本が手を組む相手を間違えたならば、究極的には原爆を落とされるのは、また日本人の頭上になるぞ。

何が真実の情報なのか見定める力は、結局のところ自分の目、そして頭でしかない。他人に頼ると、その他人が間違えた時に自分と自分の家族も死ぬことになるのが歴史じゃけぇ。だからこそ、「われ、目覚めよ！」なんじゃ。

今後は無知蒙昧《もうまい》であるまま生きることを許されない世界になる。これまで平和だった昭和平成とは、あくまで「戦間期」、つまり戦争と戦争の間にあるごく限られた特別に幸せな時間であったことを理解せにゃいけん。昭和平成期、日本以外では、局地的な戦争が起こりまくっていたが、散華《さんげ》された英霊のご加護と明治大正生まれの方々の絶え間ない努力によって、この奇跡的な平和を保っていたんじゃ。

戦争も台風も人が何か念じて回避できる性質のものではない。だからこそ、何が来ても、その被害を最小限にする防備と覚悟が必要なんじゃ。世界には欺瞞《ぎまん》が溢《あふ》れとる。

われ、目覚めよ！

ワシの魂の叫びじゃ。ワシらが目覚めて正しい情報と知識を得なければ、生き残ることはできない世界がこれまでの歴史であり、これからの未来じゃ。さあ、ワシと一緒に愛するこの日本を守っていこうな！

令和7年2月

橋本琴絵

われ、目覚めよ！

●目次

４章 日本が日本であり続けるために

5章 あの大戦で散った命を絶対無駄にしてはならん！

装幀／須川貴弘（ＷＡＣ装幀室）

1章

選択的夫婦別姓、ＬＧＢＴ――日本を壊す政策は即刻やめてくれ！

石破さん、アンタの政策は日本人にとってデメリットばかりじゃぞ！

石破茂さんが総理大臣に決まった瞬間、麻生太郎副総理は真顔となり、拍手をしなかった。なぜ、ワシら日本人にとって石破さんの政策がまずいことになるのか。

まず移民政策がなぜ、日本経済を破壊するのか。ワシは、２０１１年から２０１４年までの約３年間、イギリスに留学していた。

当時のイギリスは犯罪がひどくてな、移民の小学生たちが街中でヘロインやコカインの売人をしていて、売り場を争ってナタで対立小中学生グループの首を切って回る抗争とかしててな。ときたま白人のかわいい少女を拉致して、みんなで性器に瓶を入れたり、薬物で興奮させた大型犬をけしかけて獣姦させるビデオを撮影し、小児性愛者に売りつけていたわけじゃ。

もともと移民を入れる動機は、安い労働力の確保なわけじゃが、治安が乱れて、その対策費用に税金がかかり、移民が住んでいるアパートとかの不動産価格が下落したら、国全体で損をするよな。そういうわけで、イギリスは２０１６年７月に国民投票をして、移民受け入れ義務を定めたEUを離脱したわけじゃ。

　さて、石破さんは移民を入れようとしている。でも、その移民が果たして働いてくれるのか誰も保証してくれない。

　民間シンクタンクが内閣府公表のデータをもとに試算したらな、年収890万円以下だと、結局、支払った税金よりも、福祉や医療など受け取る税金（受益超過）が多くなる。だから、いま欧州はそれに気づいて、移民は経済的負担でしかないから、スウェーデンなんか移民一人あたり日本円で500万円くらいあげるから帰国してくれないかという政策が検討されている。

「移民が働く」というエビデンスがないにもかかわらず、それを入れるのは、やはり経済とは別の思惑があると考えるのが自然だよな。

「日本人を薄める」なんてことはないかの？　日本は1910年から1950年代にかけて大量移民政策をしたが、その負の影響はいまも残る。たとえば、北朝鮮の国会に6議席を持つ「政党」の在日朝鮮総連組織の朝鮮学校には、いまだ日本の一部の自治体が日本人から吸い上げた税金を交付しておるんじゃ。

　だからこそ、石破さんが移民推進という時代に逆行する政策をするのにワシが反対する理由じゃ（移民については改めて2章で取り上げるぞ）。

次の論点に、選択的夫婦別姓がある。日本は世界で唯一、江戸時代以前から夫婦どちらの名字を名乗ってもよいとした。一方、諸外国は夫の名字しかダメなのは男女平等に反するとして、夫婦別姓が導入された。つまり、背景事情が全く違うんじゃな。

それに諸外国ではスパイ防止法があるから、たとえ名字が違う夫婦がいて、それが偽装結婚だったとしてもスパイ防止法で見破ることができるが、石破さんはスパイ防止法制定をいまだ主張していないから、もうボロボロにやられても対抗できない。

そもそもな、戦争に負ける前の日本は戸主《こしゅ》制といって、お金を持っている祖父か大伯父とかが一族のリーダーとして、親族扶養義務を負っていた。だから、戦前にはいまで言う「貧困女子」とかいないわけだ。

しかし、戦争に負けると親族の団結が国力に通じるからと戸主制度を解体した。結婚を両性の意思でできないから憲法違反で、戸主制度が廃止されたとかデマが言われるが、戸主が結婚に反対したら、離籍して自分が戸主になって自分で自分の結婚を承諾すればいいだけだからな。変なのと結婚させない代わりに扶養義務があったわけじゃ。

ここから親族の団結を破壊し、次に夫婦の団結までなくなったら、破綻《はたん》した家族の子どもは誰が育てる？　国家の扶養になるよな。これは共産主義者が理想とする国家像なんじゃ。子どものときからなら洗脳しやすいからな。

戸主制度解体からの夫婦別姓になれば、日本人は親族の団結を失い、家族の団結を失い、個人になる。みんなで集団生活したら個人の年収が低くても人並みの暮らしができるが、個人しかいなければ最貧困が待っているのはわかるよな。それが共産革命の土壌となる。いろいろとヤバい。

もちろん、これらの政策が始まる前に選挙となれば議席を失うと思うが、油断大敵じゃ。ほか、消費増税や原発停止維持など、石破さんが目論む諸政策は日本人へのデメリットだらけじゃ。

みんな希望を失わず頑張ろう！　ワシも言論活動をより頑張るからな！

日本人は本質的に選択的夫婦別姓には反対じゃ！

選択的夫婦別姓（夫婦別氏《べつうじ》）について、石破さんは国会で「95％の氏を変えた女性が痛みと苦しみを味わっている」という差別発言をした。

どーーこにそんな女性が95%いるんじゃ!! 好きな人の名字になって幸せという日本人女性を差別するな!!

そもそも夫婦の〝氏《うじ》〟を理解してないようだから、ワシが解説してやる！

まずな、「名字」という概念を発達させたのは、アジアでは日本だけなんじゃ。中国も朝鮮もベトナムも名字というものはない！ なぜかというと、アジアで日本だけが一般人の土地所有権を法律で認め続けたからじゃ。743年の墾田永年私財法《こんでんえいねんしざいほう》じゃな。

これで土地の地名を自らの名称にすることで、名字という概念を日本人だけがアジアで発達させたわけじゃな。

もちろん日本にも中韓と同じく、自分の血統（カバネ）をあらわす名称がある。源平藤橘《げんぺいとうきつ》じゃ（源氏、平氏、藤原氏、橘氏）。

なので、日本は「氏」という文字には、名字と血統という2つの意味があり、併用して使われていたが、中韓には血統しかないので「氏」といえば生来の名称だけを意味する。

日本は明治初期まで血統と名字を併用していたが、紛《まぎ》らわしいので、明治4年（1

871）10月12日、太政官布告で血統の名称を公的には廃止したわけじゃな。藤原伊藤博文から「伊藤博文」になったわけじゃ！

具体的には、藤原氏（血統）が東京埼玉の昔の地名である武蔵国に赴任して土着して土地を所有をすると、武蔵の藤原ということで武藤氏を名乗るようになる。藤原氏は血統（カバネ）だから婚姻しても変わらないが、武藤氏は名字だから婚姻や養子で変わるということじゃ。

昔から日本人は名字とカバネの違いを理解しているが、中韓から新しく日本にきた人々は名字というものを理解しとらん。だから違和感を覚えるんじゃな。

一方、日本は明治初期の太政官指令（明治8年〈1875〉12月8日）で、結婚した夫妻は同じ名字を名乗るべきだと定め、例外的に結婚しない婦女は生来の名字のままでいいと太政官指令（明治9年〈1876〉3月17日）で決めたわけじゃな。

現代でも入籍していない内縁夫婦は、別氏だよな！　当たり前じゃ！

未入籍の内縁夫婦でも住民票の続柄の欄には「内縁の妻」と公的に表記されるし、相手が浮気したら賠償金も取れるし、遺族年金も受給できる。じゃあ、何が入籍した妻と違うのかというと、相続権がないというだけじゃ。

ここが夫婦別姓のヤバさじゃ。「とにかく金を寄こせ」と言っているわけだな。まるでどこかの国みたいだな！　メンタリティー似過ぎじゃ！

いずれにしろ、夫婦別姓にしたら、子どもは強制的にどちらかの親と別姓になる。痛みと苦しみを味わうのは夫婦別姓下の子どもたちだ！　石破さん、いい加減にしろよ！　このあたりのことを国民の理解を得られていないまま、法改正をするのは許されんぞ！

日本が朝鮮を併合したとき、実は朝鮮式の「カバネ」を廃止した。創氏改名のうちの「創氏」じゃ。これは、たとえば、金さんと朴さんが結婚したら、金または朴で夫婦の氏を統一しろと強制したわけだな。

日本人にしてみたら妻が家族の一員なのは当たり前なんじゃが、これに朝鮮では大規模な反発が起きた。「妻を家族にしろだなんて許されない！　差別だ！」と。ほか、「妻を殺しただけで殺人罪が適用されるだなんて許されない！　差別だ！」とか抗議運動が起きて大変じゃった。

これは『朝鮮高等法院刑事裁判集』というのに記録されておる（ちなみに、朝鮮高等法院の裁判例は現在も日本の地方裁判所の判決を拘束することが訴訟法で定められているぞ）。

でな、またその裁判例が強烈なんじゃ。

「朝鮮人の夫が朝鮮人の妻を殺害したならば、殺人罪が成立する」と、わざわざ判決したわけじゃ。「控訴した論旨、そこかよ‼」と、めちゃくちゃツッコミを入れたくなるぞ。ほか、これは有名な判例だが、皿に糞尿をした場合、物理的に破壊されてなくても心理的に使用不可能だから器物損壊罪が成立するという大審院の判例も、朝鮮民族と日本民族をひとつにしようとした歴史のなかで生まれた。価値観が合わないものは仕方ない。

でも、一方の価値観に合わせて、一方が犠牲になることは許されない。相互に尊重しよう！

ワシら日本人は選択的夫婦別姓には絶対に反対じゃ！　それは名字そのものの廃止だからな！

福島瑞穂さん、ウソの歴史を言うのはやめてな！

法務省民事局長が「江戸時代以前は夫婦別姓」とか「明治初期は夫婦別姓」というデ

マを国会で虚偽答弁しおった。「夫婦別姓の歴史的正当性」を捏造《ねつぞう》しとる！

これは2000年に、あの福島瑞穂さんが言い出した政治思想なんじゃ！　手口がまるで従軍慰安婦問題のときと同じじゃあ‼

そこでワシの魂の叫びを聞いてくれ！

まずな、国会答弁というのはいくらデマを流したり、思いっきりウソをついても、証人喚問などで宣誓していない限りペナルティが一切ない！　だから、国民を騙して何らかの政治思想を宣伝するときによく使われる！

福島さんは、こう言ったんじゃ。

「明治の太政官指令は、まず夫婦別姓にすべきという太政官指令を出します。御存じのとおり、日本は、北条政子、日野富子の世界で夫婦別姓であったわけです」（第150回国会参議院憲法調査会第一号／2000年11月15日　福島瑞穂参議院議員）

日本の戸籍を壊す夫婦別姓（強制的親子別姓）をしたい勢力が、玉木雄一郎さんとか善良な人々（まさか法務省が社民党の政治思想を支持し、その拡散をするだなんてないだろうと他人を信用しやすい人）を間接的に利用し、「明治初期は全国民が夫婦別姓」とかデマのプロパガンダをホームページに書いたり、国会で答弁したりしておるんじゃ！

でも、ワシら日本人にしてみたら、江戸時代から夫婦同姓なのは昔の戸籍に書いてあるし、位牌や墓にも書いてあるし、なんかおかしいよな、と感覚的にわかる。なので、先述したようにワシが実際に明治初期の太政官指令という法令を調べてみたらな、ちゃんと婚姻届を出した夫婦は同姓でと決められていて、婚姻届を出してない内縁とかが夫婦別姓だと定められていたんじゃな。

江戸時代までは婚姻届なんかないからな。同居して男女仲になったら夫婦じゃ。でも明治政府は、戸籍の届出をしなければ夫婦とは認めず、別氏だからな！　と決めた。

その規定を持ち出して、「ほら！　明治時代は夫婦別姓でしょ！」とか、法務省民事局は言っている。社民党の思想じゃ！

あのなあ、これって従軍慰安婦問題と同じやり方なんじゃ。

従軍慰安婦も、20年くらい時間をかけて、ただ自ら志願して売春業に就いた人になんか証言させ、福島さんがその代理人弁護士となり、「預金封鎖された郵貯口座にあった売春のお賃金を返してください！」と裁判をした。

それが20年くらい経つと、いつのまにやら強制連行になってしまう。で、最終的には政府がそれを認めて頭を下げた。

今回の夫婦別姓の話も、先述したように福島さんが国会で、「明治時代は夫婦別姓だった」とか適当なことを言っててな、発言した当時は誰も相手にしていないが、20年くらい経つと、なんか妙に真実性が出てきたり、ちゃんと批判できる人がいなくなったりしてな、次に、官僚の誰かにそれを言わせて、少しずつブースターをかけてくるんじゃ。

そして、法務省の公式ホームページに社民党の政治思想を記載させ、民事局長に、社民党の政治思想への支持表明（明治は夫婦別姓）をさせることに成功した。

この「思想ロンダリング」に成功すると、今度は、社民党の思想だとわからず、小泉進次郎さんや、玉木さんが、法務省のお墨付きなんだと（多分）思い込んで、公的な場で、夫婦別姓は明治もそうだった、とか、さらにプロパガンダにブーストをかけてしまう。

でも、それは虚偽なんじゃ！！！

夫婦別姓とは、要するに名字を血族の氏（カバネ）とする思想じゃ。日本の名字は婚姻契約の氏じゃ。中韓などは血族で助け合い、生活扶助をしているからそれでいい。でもな、日本は生物学的な血族で生活扶助をする慣習ではなく、婚姻契約による姻族で生活扶助をする慣習なんじゃ。

ここにきて夫婦別姓をやり、姻族の絆《きずな》を断ち、婚姻契約による枠組みを取っ払ってみろ。弱者がどんどん社会的に孤立し、とんでもない社会不安が起きるぞ。

犯罪白書を見てみろ！　児童の育成環境のうち夫婦別姓（離婚や非嫡出子）は全体の8％以下なのに、犯罪をして少年院に収容された児童は、約60％が夫婦別姓の育成環境にあった！

中韓は、血族で子どもを育てるが、日本は姻族で子どもを育てる。みんなも、母方のおじいちゃん、おばあちゃんからお年玉をもらったり、可愛がられた記憶があるじゃろ！　家買う時に頭金をちょっと出してくれたり、さまざまな生活扶助があるじゃろ！

そうした姻族の生活扶助の慣習を断ち切り、血族だけにするのが夫婦別姓じゃ。そして、しまいには戸籍を破壊する。

最終的には（戸籍法の適用はないが）皇后陛下や妃殿下にも婚前の氏を名乗らせ、国民の規範をなくしていく。日本の破壊じゃ！　選択的夫婦別姓は日本の破壊が目的じゃ！

みんなも、当事者意識を持って選択的夫婦別姓を見てな！

あえて言うぞ！　令和時代は一夫多妻に転換すべきじゃ！

ワシら日本人は戸籍でアイデンティティを確認できる。

夫婦別姓は日本の歴史に存在しておらん。江戸時代以前から夫婦同氏であることが、実は戸籍に書いてある。その戸籍は日本人なら誰でも役所で取得できるが、意外と知られていない。

まず、戸籍には6種類ある。

平成式（電子化）、昭和式（日本国憲法施行後）、大正4年式、明治31年式、明治19年式、明治5年式じゃ。

このうち明治5年式は被差別部落の身分が書かれているということで、1965年頃に閲覧禁止がされてしまった。しかし、明治19年式以後は取得できる！　安倍晋三内閣のとき、戸籍の保存期間を150年間に延長したから、戦災や震災で役所が壊滅していない限り戸籍は取れるぞ。

では、詳しく書いてみよう。

・明治19年式→1人あたり4行しか書く欄がない。
・明治31年式→「戸主と為りたる原因及び年月日」という欄がある。
・大正4年式→「戸主と為りたる原因及び年月日」という欄が廃止された。

実は、第2次世界大戦で敗北した日本が失ったものは、軍事力だけではなく、「親族の絆」じゃった。戦前は、ひとつの戸籍に親族が全員書いてあり、誰が親族なのかすぐ分かるようになっていた。しかし、戦争に負けると、親族の団結こそが日本の強さの根源であることがわかり、これをなくすために戸籍は「父母と子」だけになった。

それでも先述したように、戦後、日本は高度経済成長を遂げたため、今度は「夫婦別姓」で「強制的親子別姓」にし、その家族さえぶち壊そうとしている。しかし、そのまま言えば日本人から反発を喰らうため、「夫婦同氏は明治時代から」という嘘を思いつき、騙そうとしてくるわけだ。

特に、明治9年(1876)には太政官令で「多妻制における妾《めかけ》は主人と別氏でも良い」という規定を持ち出して、「ほら夫婦別姓だ!」と言い出しているからメチャクチャ悪質なんじゃ。

現代でも、たくさん女の子を囲っても別氏だよな（重婚的内縁という。合法だぞ！）。

戦前の民法が明治31年（1898）に施行されたとき、戸籍も明治31年式に改められた。それから夫婦同姓が始まったなどと「途中から日本人になった人」は「明治19年式戸籍」がないので言い出しておる。

戸籍の様式が変わったのは、たった4行しかないからライフイベントを書ききれず、はみ出してしまう。1人はみ出したら1ページを追加しなくてはならないため、単に「書くスペースを広げた」だけじゃ〈あとは、一夫多妻制〈妾も戸籍に記載された〉から、一夫一妻制〈妾が戸籍に記載されなくなった〉という、この2点のみが明治5年式から明治19年式への変更事項じゃ〉。

当時の時代背景はな、「人口過剰」じゃった。江戸時代末期の人口が3000万人で、そこからたくさん増えて、明治の終わりごろには5000万人となった。人口増加に悩んだ政府はハワイや南北アメリカへの移民政策を進めた。なので、一夫多妻制を放置していたら食糧問題など、いろいろヤバくなるということで、民法を定め「一夫一妻」に大規模な転換をして人口抑制をしたわけだな。当時の言論界の重鎮、福沢諭吉も「多妻制は獣の所業」と大きく批判した。

この時期、皇族も増えすぎていてな、華頂宮《かちょうのみや》などを臣籍降下させ、男性皇族を減らす努力もされていたんじゃ。昔の人はうまく対応した。

じゃあ、いまは？

こんだけ子どもが生まれないのは、政府が頭悪いからじゃ。明治と逆をやればいい。多妻制を認める民法改正をする。男女平等とか最近はうるさいから「婦」を「子どもを産める能力がある人」と書く。

本妻は夫と同じ名字で、妾は別氏じゃ。ただし、戸籍に妾を載せる。人口抑制策として始まった一夫一妻制をな！　人口が少なくなったいまも継続してるのは頭が悪いぞ！

明治時代は、一夫多妻から一夫一妻に転換できた！　ならば令和時代は一夫一妻から一夫多妻に転換すべきじゃ！

だから、一万円札も一妻主義の福沢から多妻主義の渋沢栄一に変わったんではないの？　みんな、歴史を自分の戸籍を見て実感してな！

あ！　２０２４年からは「広域戸籍請求」が始まり、地元の市役所で北海道から沖縄まで、どこの戸籍でも取得できるようになったぞ！

選択的夫婦別姓は日本の歴史の否定じゃ！

小泉進次郎さんは「相続権ある選択的夫婦別姓」という日本の歴史にいままで存在しなかったことをやろうとした！　これをされたら日本人の財産は分割相続でより減少し、いままで以上に貧しくなるぞ！　夫婦の氏の歴史について改めて分かりやすく語るぞ！

まずな、名字というのは「名田《みょうでん》」の地名で、その土地を占有していることをあらわしていた。昔は不動産登記とかないからな！

まず、701年、「班田収授法《はんでんしゅうじゅのほう》」というのができた（それ以前からもあったが）。これは、6歳から「口分田《くぶんでん》」を支給し、農作業をさせ税収を確保する政策だった。しかし、土地は国家のもので、開墾しても耕作者が死亡したら国に返還する。なので、やる気が起きなくて放置され、荒れた土地が増えたわけじゃ。

そこで、いろいろと試行錯誤し、聖武天皇《しょうむてんのう》の御代の743年に墾田永年私財法《こんでんえいねんしざいほう》というのをつくり、開墾して田畑にしたら、その土地を所有して良いことになった。個人の私的所有権を認めたわけじゃな。これで班田収授が後に廃《すた》れると、夫婦で農作業した土地を所有し、その私有田畑を「名田」と呼び、名字が発達し、また、たくさん名田を持つ人を「大名」と言うようになったわけじゃ。一般人は夫婦で耕作し、名田を夫婦で所有した。だから名字も、大昔の位牌とかみればわかるが、夫婦で同じ名字を名乗ったわけじゃ。夫の死後は、妻が田畑を相続した。

しかし、貴族は、浮浪者とかを捕まえて小作人にして耕作し、貴族の妻は農作業はしない。かわりに貴族の夫が死んでも妻は田畑（荘園）を相続しないし、そもそも夫とは名字を同じくしない、というか、名字がなかったわけじゃ。「名字がない」というのを分かりやすく言うと、庶民の夫婦は「一夫一妻」で夫婦単位で自作農をするから、どうしても名字を夫婦で統一することにした。貴族は一夫多妻で、妻がどこかの農地を所有したり耕すことはなかったから、そもそも貴族の妻は名字がないんじゃ。

「北条政子」とかは昭和後期の創作で、「平政子」（頼朝存命時は万寿《まんじゅ》）という。「日野富子」も同じじゃな。「藤原富子」という。この平とか藤原とかは名字ではないぞ。血統をあらわす「カバネ」と言う。

ワシは橋本琴絵というが、正しい本名は「橘朝臣《あそみ》橋本琴絵」という。橘が血統（カバネ）、朝臣が天皇から祖先がもらった階級的血統、橋本が名字、琴絵がワシ個人の名称じゃな。

この橘とか源平とか藤原とかは血統を表すため、結婚しても変わらない。橋本は血統ではなく家族を表すため、結婚や養子縁組で変わる。

よく「明治より前は氏が変わらない」というが、現代日本語だと「氏」は名字を含んでしまうが、昔は「カバネ」をあらわしていたんじゃな。源平藤橘は結婚しても変わらんよ。当たり前。でも、名字は違う。絶対に結婚で変わる。

さて、話を小泉進次郎さんに戻そう。

日本は、昔から「夫婦が相続権を持つなら夫婦同姓」で、「夫婦が相続権を持たないなら夫婦別姓」だった。これは現在も同じじゃ。内縁の夫婦は、住民票で夫婦だと証明でき、貞操義務もあるが、夫婦別姓だから相続権がない。

現代だと、お金持ちで篤志家の高須克弥さんと漫画家の西原理恵子さんが内縁の夫婦じゃな。もし入籍して夫婦同姓にしたら、高須さんの子どもたちと西原さんが相続で揉めてしまう可能性がある。だから、夫婦別姓（内縁）でお金は無関係の真実の愛を貫いているわけじゃ。しかし、一般人は夫婦同姓で相続権を持つのが当たり前。

ところが進次郎さんは、「相続権はあるが夫婦別姓」という日本の歴史にない全く新しいことをやろうとしている。他家に一生かけて築いた財産を取られるだけだぞ。そして、その先に待つのは貧困じゃ。

これはな、結局、「名字を廃止」したいわけじゃ。名字をカバネとして扱いたいわけ。そう、中韓のように！　中韓は庶民の土地所有権が日本同様に保障されなかったので、名字がない。全部、血統を表すカバネじゃ。

日本人の伝統を廃止し、朝鮮人の価値観を強制する（子どもは強制的親子別姓だからな）。それが選択的夫婦別姓の正体じゃ！

結局、レイシズムじゃ。差別主義者じゃ。日本人の価値観を否定しているわけじゃ！

絶対に許されない！

小泉進次郎さんはマトモな家族観をお持ちかのう！

小泉進次郎さんが実母から隔離され中学生まで伯母を母親だと勘違いし、かつ弟と生き別れの複雑な環境で育ったことを吐露《とろ》したことがあった。それは可哀想だが、その環境下で「家族」という普通の感覚が養われたのか、はなはだ疑問じゃ。

ところで、ワシの夫も夫婦別姓の環境で育っている。

ワシの夫の父、つまりワシの義父は、学者、女子アナウンサー、新興財閥の一人娘、料理人の4人の女と、それぞれの家庭を持っていた。頭いい子、美人美声、実家金持ち、コック……と男性が欲しい女性を全て集めた楽しい生活じゃな。まるで『ONE PIECE』の主人公、ルフィ船長が仲間を集めるみたいに、それぞれ能力を持った女性たちが仲間になった。それぞれ、大学教授（学会）、芸能界、金持ち、小料理屋で、子どもたちとは毎週、順番に暮らした。

それぞれの子どもたちを見ても、学者の子は医師や研究者になり、女子アナの子は全員声と顔が良く、立ってるだけで営業畑で活躍、金持ちの子は経営者となり、料理人の子はパティシエじゃ。

夏にはそれぞれの家族と海外旅行するもんじゃから、年末年始も義父がいるのは4年に一度のことじゃった。でも、必ず毎日3～5分、義父は子どもたち全員に電話し、今日の出来事を聞いた。「お父さんのことどう思う？」と夫に聞くと、「パパ大好き♡

大好き♡　大好き♡」という返事しかこない。

病気になったら学者チームに治してもらい、広報が必要になったら女子アナチームに前に出て喋ってもらい、金に困ったら財閥チームが資金を出し、うまいもんが食べたければ料理チームの店に行く。

そういう「共同体」じゃやな。

そんな家庭環境に育った夫に、「選択的夫婦別姓についてどう思う?」と聞いてみた。

「日本は昔から夫婦別姓をしたければ夫婦別姓にできる。重婚的内縁と言ってね、寡婦年金とか国家の庇護《ひご》を別に期待しないなら自由な婚姻形態がいい。なのに制度を変えようとする奴はただの下賤《げせん》」

と、バッサリ切った。

というのも、夫の父のそのまた父、をたどると全員多妻制で、夫の高祖父は子どもの数が、第11代将軍、徳川家斉《いえなり》（53人の子女がいた）よりも多くいる。ここまで来ると伝統だ。

続けて夫はこう話した。

「いくらＭＢＡ（経営学修士）を取っても多妻制家族経営のやり方なんて、どの教科書にもないわけ。だから、成り上がり者が俺らの真似しても、悲惨な家庭環境となって子どもの人格形成が歪《ゆが》むだけ。見りゃわかるよね。だから、歴史的経験則がなければ一夫一妻で夫婦同氏がいいわけよ」

「俺らが先祖代々多妻制なのは、戦争で男子が消耗品になるから、とにかく数を揃えないと所領を守れなかった経験則によるものなんだよ」

「俺は多妻制？　やらんよ。いまの時代の戦争は将兵の数で勝敗が決まるわけではないからね。技術の時代だよ」

「本当にほかに子どもを隠してないかって？　だからさ！　隠すのは賤民が上の真似事をしたときなんだよ。将兵の数はむしろ水増ししてでも公表するから意味があるんだよ。隠す時点で意味ねえだろ」

夫婦別姓は、男子の数をただ必要とする事情があるときにされるべきだ。いまは戦争のかたちが数で決まるわけではないため、多妻制をする必然性はない。ただ、したい人はすれば良いし、それを妨《さまた》げることはない。

しかし、いまは少子化だから、多妻制をする国家的事情はあるし、これは皇室にも言える、とワシは考える。だから、もしワシの夫の子を産みたいという女性がいたら、ワシは止めないし、それは時代の要請が正当化するだろうと考える。

夫婦別姓は「多妻制」のときにこそ発揮する。選択的夫婦別姓とは、選択的多妻制という意味なんじゃ。

一夫一妻で別姓をやるのは、「貴族の真似事をしてるバカな賤民」という構図を意味する。守るべき家財も歴史的名誉もないくせに、何で外見だけをサル真似するのか。

身の丈《たけ》にあった生き方をせよ！

日本よ、人権侵害のお先棒を担ぐのはもうやめじゃ！

２０２４年、裁判所によって「おちんちんをつけたまま女湯や女子更衣室へ入れる権限」を与えられた人が33人以上になった日本。

これに対してアメリカではトランプさんが「性別は男女２つしかない！」と大統領選大詰めの２０２４年11月２日に南部バージニア州セイラムで宣言している。就任式でも述べた。

日本はどこまで人権後進国なんじゃ！　時代遅れをやるのもいい加減にしろよ！

あのな、2008年の民主党オバマ政権が始めたオバマケア（国民皆保険医療）は、実はとんでもないものじゃった。というのも、どの医療や薬が「公費負担医療」になるかは、政治思想で決めていた。つまり、性転換手術のための乳房や子宮摘出が保険適用で誰でも低額で利用できる一方、癌《がん》治療などは高額のままじゃった。

トランプさんを支えたイーロン・マスクさんの息子が女に性転換したのも、オバマケアで安くできたからじゃな。日本みたいに性転換手術が保険適用外の高額だと、オカマバーで数年働いてやっと手術費を捻出したりするが、アメリカでは、まず、学校の保健の先生みたいのが、子どもたちに性転換をするように毎日説得し、親がそれを拒否したら児童相談所行きで子どもは強制収容される。そして安い金額で性転換する仕組みができたわけじゃな。

でも、数年経ち、子宮摘出した子らが大人になって洗脳が解けると、後悔するようになるわけじゃ。でも、摘出した子宮や睾丸《こうがん》はもう取り戻せない。

このような人権侵害がアメリカにはあって、実はいまの日本みたいに「女性専用空間に生物学的男性が入ってくる」とか「女子スポーツに男性が参加して女子をボコボコにする」とかは、もう昔の被害で、いまは公的保険診療による被害がメインになっているわけじゃ。

日本は何が保険診療か厚労省が決めておるが、外部委員会とかに活動家が入り込んだら、間違いなくアメリカと同じ被害が日本でも再現されるぞ。

ワシはな、性別を自認で決めるのは「他人の人権を侵害しない程度」にすべきだと思うが、そもそも未成年者は自認する能力がないと思う。

日本では自治体によっては「同性パートナーシップ」というのが始まっておる。同性愛者カップルが公営住宅に入居できたり、障害者自動車免税を受けたりできるようになり、案の定なりすましが増えてトラブルになっているが、性的嗜好《しこう》や自認の尊重は、あくまで「第三者の権利侵害をしない」という大原則が必要じゃ。

同性婚が認められた国は、全てスパイ防止法があり、偽装カップルは厳しく処罰されるが、日本にはスパイ防止法がないから同性婚なんか認めたら国が終わるぞ。これは選択的夫婦別姓も同じで、夫婦別姓を認めた国は例外なくスパイ防止法があり、夫婦別姓で夫婦であることがわかりにくくなっても、スパイを取り締まることができる。

いまの日本で選択的夫婦別姓を主張しとる奴が例外なく反日主義者であるのは、以上の理由から言えるわけじゃ。受け入れる体制がそもそも日本にはない！．厳格にスパイを取り締まり、共産主義は犯罪だと法律で決めているアメリカでさえ女子刑務所に男性受刑者が収容されたり、女子ボクシングに男性選手が参加して女子の顔面をボコしたりと変なことになっておるんじゃ！

だからな、LGBT理解増進法を岸田文雄政権がアメリカ大使の家畜みたいになってつくったが、結局、理解増進ではなく、犯罪増進と言ってもいいシロモノじゃ。なぜなら、先述したように、裁判所が「おちんちんをつけたまま女湯に入る権利」を認定する理由にされたんじゃからな。下手に妥協とかしたら、やられてしまうのは女と子どもなんじゃや。

ワシは、

①即LGBT理解増進法を廃止する法律
②この法律を理由にしてなされた全ての判決や審判の法的効力無効決める法律
③保険診療に性転換診療を含めないことを定める法律

この3点が必要じゃと思う。

そもそもが、岸田政権は米民主党や中国共産党など外国に従う犬みたいな政権じゃったが、それを踏襲しとるのが石破政権じゃ。明らかに共和党のトランプさんとは思想、信条などが合わん。

基本的にな、リベラルの岸田政権は、

「誰かの人権を守るためには、ほかの誰かの人権を犠牲にしてもかまわん」

という基本思想があった。これがワシら保守派とは相容れない理由じゃった。人権は守られるが、それは他人の人権を侵害しない限度でじゃ！　当たり前だろう！　岸田政権を踏襲した石破政権は一刻も早く退陣せよ！

なんで国家が国民の生活を破壊しようとするんじゃ！

改めて「政治権力とは何か」を話したい。

それはな、第一には健康や豊かな生活を送るために必要な財産保全などの〝福祉的願望〟、第二には人間の尊厳や誇りといった精神的な〝承認願望〟なんじゃ。

石破政権はこの2つを全く考えておらん！

これはな、政治学者のハロルド・D・ラスウェルが『権力と人間』という論考で、政治的権力の源泉を次のように説明したんじゃ。

それは、

「政治権力は統治される側の願望を満たすことによって完成し、かつその願望とは2つの領域に分けることができる」

ということじゃ。「2つの領域」とは、つまり「福祉」と「承認」じゃな。

戦後日本の政治は、明らかに福祉のみに心血を注ぎ込み、後者をこれでもかというほど蔑《ないがし》ろにしてきた。第2次世界大戦直後、日本人はこの2つを喪失したところから再出発した。医療は保障されず、飢餓の恐れさえあり、かつ警察権や国家の安全保障もなかった。

『はだしのゲン』にも異民族が暴れているのに、日本の警察が手出しできない描写があったよな。

しかし、サンフランシスコ平和条約が締結され、朝鮮戦争の特需によって好景気が始まると、財政上のゆとりが生じて国民健康保険法が施行され、また同時に日米安全保障条約によって対外的な危機が後退した。

こうして福祉的欲求が満たされると、憲法改正の声は急激に萎《しぼ》み、護憲勢力が3分の1を占める、いわゆる55年体制で硬直化し、1990年代に至る。じゃから、国家による承認を欠き、アイデンティティを喪失した若者が荒れ狂い暴走族を組織したり、わけのわからん宗教団体に入ったりしたのが、20世紀後半の日本だったんじゃ。

ところが21世紀になると通信技術が発達して、「承認」は国家ではなくても民間相互でできるようになった。ネットの友達で悩み相談したり、インスタで写真を載っけて、みんなから称賛されたりな。こうして昔、極左や暴走族、宗教団体に入ると悩み相談できて、みんなから承認されるという代償が、いまはネットでできて、取りあえず社会が落ち着いたのが21世紀初頭なんじゃ。

ところがじゃ！

国家が「福祉」と「承認」を国民に提供しないどころか、あえて壊そうとしてきた。それが移民推進（福祉の破壊）と、選択的夫婦別姓や女系天皇（承認の破壊）なんじゃ。どうすんだ？　あえて既存の利益を破壊して？

話は変わるかもしれんが、2024年10月の総選挙の最中、共産党の「しんぶん赤旗」が「自民党が非公認候補に2000万円渡した」という記事を配信し、その日の夜、民放各社が「一部メディアによると」という形で「しんぶん赤旗」のスクープをテレビで流し、石破さんが激オコしたという情報が流れた。

激オコなのもわかる。だって2000万円は政党支部への支給であり、非公認候補が使えるお金ではないから。

でも「李下《りか》に冠《かんむり》を正さず」(悪いことをしているのではないか、と疑いを招くような言動はしない方がよいという戒《いまし》めの言葉)というよな。これな、最初は「細胞」(共産党のスパイ。昔からいた。海軍細胞とか)がやったのかとも思ったが、高齢化した共産党が自民職員にスパイを送り込みたくても、爺婆とエキセントリックな若者しかおらんし、やっぱり内部の人がやったのかな、という印象を受けた。

しかも手口が慣れていて、これ一般メディアにリークしても「自民党、各支部に資金援助」という小さな記事にしかならないが、「しんぶん赤旗」なら虚偽誇張しても反自民の旗のもとに厭《いと》わず、しかも「しんぶん赤旗」が報じたという事実で「しんぶん赤旗」に責任を押し付けて民放は報道できるから、共産主義者の使い方を熟知してるやり方だと思った。

何を考えて内部の人はこんなことをしたのか。やはり「石破政権で過半数は何かヤバい」という焦りから、メガンテ(自爆)したんじゃないかな。過半数割れしたら、どうしても連立しないといけないから、思い切ったこともできなくなるしな。

選挙は負けすぎても、勝ちすぎても駄目。なぜか。政治権力がそもそも、なぜ与えられたのか原点に帰って考えてほしい。

移民が暴れて女性が街を歩けなくなり、社会保障費が上がって国民福祉が守られるか？　選択的夫婦別姓や女性女系天皇など、伝統的権威をなくす方向性の政策をしていては、国民の承認願望が満たされないどころか壊れるだろうが！　よく考えてな！

みんな選挙に必ず行けよ！

日本の伝統に敵対する政治家が多すぎる！

あのな！　いくら裏金がひどくても、だからといって、ほかに投票したら悪くなることがあるんじゃ！

たとえば、東京24区の萩生田光一さんが嫌だから立憲民主に入れるなんて声があったな？　相手はなんと、あの立憲民主党の有田芳生《よしふ》さんじゃぞ！

とはいえ、最近の政治倫理の崩壊は目に余るものがある。なので、それを物申す！

みんな参考にしてな！

100年以上前、マックス・ヴェーバーという偉い学者が『職業としての政治』という論考を発表した。

それによるとな、政治家にとって最大の弱点は「虚栄心」であり、そのせいで政治家は客観性がなく無責任になってしまう。虚栄心とはな、政治家が、支持者に対する愛着感情に基づいて決定を下してしまい、公正な統治をする上で、合理性を失うことを言う。具体的には、献金してくれた企業に対して有利な政策をすることじゃな。

もちろん、建設業から献金を受けて、でっかい橋や道路をつくって、建設会社もハッピー、雇用も増えてハッピー、橋や道路を利用する人もハッピー、利便性から周辺の地価が上がって地主もハッピー、「みんなハッピー」という輪のなかに「献金」という行為があったならば、文句はないんじゃ。

しかし！　最近は、外国から政治資金パーティー券を買ってもらい、ハッピーなのは外国だけという状況になっておる。肝心の日本人は税だけを搾《しぼ》り取られ、誰もハッピーにならない！　再生エネルギー賦課金とかも露骨にそうじゃろ！

これが「愛着感情によって公正さを失う」ということだ。

虚栄心とは、支援者から金だけ受け取って、その支援者のために仕事をしないのはおかしい、みたいに間違ったベクトルの政治倫理を言う。ワシがもし外国政府からパーティー券を通じて金をくれるというなら、まあ、もらうだけもらって「ありがとね！じゃ！」とやると思うが（だって二度目はいらんし）、虚栄心からついつい金をくれた人のために頑張ってしまう。

これなあ、理性がない人にありがちなんじゃ。

たとえば、戦争になって敵の兵士が落下傘で降りてきて、着地失敗し怪我したとするだろ。その場面に偶然、日本人の医師がいたら治療しちゃうんじゃないかな。よく考えたら、そいつを治療したらまた動けるようになって、日本人を殺すから治療は外患幇助《ほうじょ》という凶悪犯罪なんじゃが、虚栄心だけしかないと、つい求められたらやってしまう。

政治家に必要なのは、自分の感情に従うのではなく、理性に従うことなんじゃ。

裏金をもらった。外国政府からパーティー券を買ってもらった。だから何？　ハイ、ありがとさん！　が、できない「政治家としての不適性」がそこにある。だからこそ、政治献金自体やパーティー券を禁止、規制する流れになっておる。

しかし、問題の本質はそこではない。

裏金をもらった。じゃあ、その裏金で何をしていたかが問題の本質じゃろが！　私益のために動いたか？　本当にそうか？

ワシに言わせればな、日本人同士でやり取りされた裏金なんかより、中国人民解放軍からお金を渡されて、パーティー券と交換する方がよっぽど悪いわ！　金を渡されているから、中国人民解放軍がウイグル人などをジェノサイドしても「知らん！」とか忠義を果たしている。

そもそもな、ヴェーバーによれば、政治的支配の正当性には3つの原則がある。伝統的権威、カリスマ的権威、法的権威じゃ。

いまの政治はリベラルすぎて、かろうじて世襲議員が持つ地元への伝統的権威があるくらいでカリスマ性はなく、今回の政治資金不記載問題で法的権威もズタボロじゃ。もうな、いまの自民党には政治的正当性をもたらす要素がカスカスなんじゃ。

だからこそ！　ええか、だからこそ！　世襲とかしょぼい個人的な伝統的権威を利用することなく、我が国の伝統的価値観を政策に反映することで伝統的権威を政治にもたらし（選択的夫婦別姓反対、同性婚反対、女性天皇や女系天皇反対）、自分の言葉で語るカリスマ性を目指し、かつ法令を遵守《じゅんしゅ》する意思を持つ政治家が必要なんじゃ。

いるだろ！　わかっておるだろ！

わからなくても、少なくとも政治の正当性を「伝統」に求めている、という要素はわかるじゃろう。各種アンケートでな。

日本の伝統に否定的政策を口にしとる時点で、そいつはもう政治家としてダメなんじゃ！　石破さん！　あなたのことだ！　選択的夫婦別姓をやるだのなんだの、ゴルァ！　いいからマウスウォッシュしてこい！　口内で糸ひいてるのがテレビ越しでもわかるぞ！

選択的夫婦別姓、同性婚、女性天皇……日本の伝統に敵対する政策の政治家だけには投票してならん！　それらには政治という行為の正当性がないからだ！

河野太郎さんの言動はやっぱり信用できん！

河野太郎さんが総裁選出馬に際し、ツイッター（X）のブロック機能を多数使うことを疑問視する報道がされたことがあったな。

ワクチン健康被害認定を受けた人がワクチン担当相（当時）の河野さんに救済を求

めたところブロックされ、「誹謗中傷をネットで受け止める必要は全くない」とコメントした。

ワシは思うんじゃが、確かにワクチン担当大臣として接種率の向上に尽力したことは事実なんじゃが、「全ての責任をとる」と公言した以上、この「全て」という意味からワクチンのサイドエフェクト（副作用）という負の面についての責任は対象外、とする立場には相当な疑問を覚えるぞ。

こうした河野太郎さんのパーソナリティを考えると、果たして総理大臣に相応しいのか。

それはな、「河野談話」についての変遷についてじゃ。

２０２１年4月27日、馬場伸幸議員（日本維新の会）の「従軍慰安婦なる用語の適切性」という質問に対して、政府は次のように答弁・決定した。

「政府としては、『従軍慰安婦』という用語を用いることは誤解を招くおそれがあることから『従軍慰安婦』又は『いわゆる従軍慰安婦』ではなく、単に『慰安婦』という用語を用いることが適切であると考える」

この背景にあったのは、２０１４年12月23日に朝日新聞が「従軍慰安婦」に関して

「お詫び」を発表したことじゃった。

吉田清治が「日本軍の命令で韓国済州島内において女性狩りをして従軍慰安婦にした」と書いた創作ポルノ小説を「事実である」として、これまで報道してきたことに対する「お詫び」であり、これを受けて政府も前記答弁をしたものであった。

しかし、そうすると一つの矛盾が浮き上がる。

1993年8月4日に発表された河野談話（慰安婦関係調査結果発表に関する河野洋平内閣官房長官談話）が対立する事実を主張していることじゃ。政府答弁は法律に基づくものであるのに対して、河野談話は法的根拠がないものであるから、どちらが優先されるかは自明であるものの、いまだ訂正ないし、撤回されていない「河野談話」とはいかなるものなのか。

河野談話は、朝日新聞の前記フェイクニュースを根拠にして、韓国から斡旋《あっせん》された「元従軍慰安婦」を自称する16名に政府が聞き取り調査を行い、「軍の関与のもとに、多数の女性の名誉と尊厳を深く傷つけ（中略）いわゆる従軍慰安婦として数多の苦痛を経験させた」と結論付け、河野太郎さんの実父、河野洋平さんが発表したものじゃ。

しかし、この16名の証言内容はいまだ非公開であり、一切の検証や反対尋問はされていない。普通、政府の調査とは事実の調査であるから、あらゆる角度から真実性を検証するのに対して、「河野談話」はそれがされず、また第三者が証言を検証できないように非公開措置にされているという極めて政治色の強い性質を持つんじゃな。

一方、GHQ占領下の日本においても「Recreation and Amusement Association」(特殊慰安施設協会)という組織によって、若い日本人女性が十数万人もアメリカ軍の「従軍慰安婦」とされていた。

当時、日本には主権がなかったため、日本人女性がどのような性被害を受けても警察には女性を守る権限がなかった。その際に「アメリカ軍の関与のもとに、多数の女性の名誉と尊厳を深く傷つけ、いわゆる従軍慰安婦として数多の苦痛を経験させた」ことは多く証言されているが、河野談話は「日本人女性の証言」は一切採用せず「朝鮮人女性の証言」は「朝鮮人」という人種的属性を根拠に採用している「非対称性」を持つ。証言の信用性を「人種」で決めて「河野談話」として発表したわけじゃ。

このような問題点を多く指摘されている「河野談話」に対して、河野太郎さんご本人のブログ「ごまめの歯ぎしり」の2012年8月31日の記事には、こんなくだりがある。

〈「河野談話」を修正または撤回するためには「河野談話」に替わる内閣の新しい見解、意思を発表する、「河野談話」を踏襲しないという内閣の意思を明示する、または何らかの形での否定をすることが必要だと思われます〉

この一文を読む限りでは、河野談話の見直しに意欲を持たれているとの印象を持つ。しかし、それから5年が経つと〈「河野談話」の河野さんって俺じゃないですから。別の河野さんだ。「河野談話」への評価は「本人に聞けよ」という話じゃないですか？〉（2017年11月24日付「産経新聞」）との考え方を表明しとる。

そしていままでも、特段「河野談話見直し」の公約の類は河野太郎さんから見られない。そんな河野太郎さんに対して、中国の報道は極めて高い評価を下している。たとえば、中国共産党の報道機関である「環球時報」（2021年9月11日付）は、〈河野太郎氏実父の河野洋平氏は「河野談話」で日本軍が慰安所を設置し、女性たちを「従軍慰安婦」として強制的に売春をさせていたことに日本軍が直接関与していたことを認めている〉

と、河野太郎さんの「血筋の良さ」を大絶賛している。

河野談話の根拠とされた従軍慰安婦報道を当の朝日新聞が虚報であった旨を認めた

なか、「河野談話」が果たしてワシら日本国の国益にどのように資するというのか。

河野談話はもはや日本国内の問題ではなく、世界中で独り歩きしている。より具体的に言うと、ワシら日本人に対して「あなたの祖父または曽祖父は性犯罪者だ」とするレッテルを今日まで30年近く貼り続けているのである。

もともと、慰安婦問題とは文玉珠《ムンオクジュ》という慰安婦が、売春給与を貯金していた郵便貯金口座残高およそ2万6145円（現在の貨幣価値に換算すると4000万円以上）の払い戻し請求訴訟を提起したが、日韓請求権並びに経済協力協定を理由に棄却され、その訴訟代理人に現在の社民党の福島瑞穂氏が就任したことに始まる。

この時点で給与の支払いがあったことを前提に問題が生じており、争点となった郵便貯金も「日経新聞」（2008年8月13日付）によると、1900万円もの日本国籍離脱者の口座がいまも残っているため、このなかの一つに過ぎない。当時の社会に生きていた関係者全員に焦点を当てた多角的かつ総合的な証言を採用した新たな「談話」が必要である。

しかし、こうした国益にかかわる重要な国家観を示している候補者は高市早苗さんのみであり、河野太郎さんは依然として「歴代内閣の歴史観を踏襲する」との立場をとる。河野談話の踏襲を事実上宣言しているに等しいのではないか。

一体、誰が将来にわたって日本の国益を守る守護者となり得るのか、十分な吟味が必要じゃ。少なくとも、「いまのまま」では、無慈悲にも性犯罪者という冤罪《えんざい》レッテルを貼られたワシたちの祖父の名誉と国益は回復しないのだ！

日本人よ、政治に目覚めろ！　政策で生き死にが決まるぞ！

石破さんは身内や自身の政治資金不記載は「過失」だから問題なしで、安倍派の不記載は「故意で悪質だから公認なし」という理屈を振りかざした。情けないのは、2024年9月の総裁選で、当の安倍派が石破票を投じていたことだ。それでも山口県連は杉田水脈《みお》さんの公認を申請した。まさに「政治」って感じだな！

そこで物申す！　そもそも「政治」とは何じゃろか？

多くの日本人は、根回しみたいなのを想定して「より多くの人の合意を得る行為」みたいに考えているが、実はそうではない。石破さんのやり方に強烈な反感を抱くも総裁に選んじまったのだから後の祭り。自分らが想定していた「政治という行為」が、どこか間違っていたということだ。
1930年代のドイツで活躍した政治学者に、カール・シュミットという人がいる。シュミットは『政治的なものの概念』という論考で、次のように「政治」を説明した。

「政治とは、敵と味方を明らかに峻別《しゅんべつ》する行為である」
「敵の定義とは、こちらの生存を妨害するものであり、味方の定義とはこちらの生存を助けるものである」
「聖書に書いてあるように、一方の頬を打たれたらもうひとつの頬を差し出すという行為は、聖書の目的が宗教行為であるように、それは宗教であり、政治とは博愛ともっとも遠い位置にある行為である」

この理論は政党の議席争いのみならず、対外的な外交方針にも応用できるとして、非常に注目されたわけだ。この意味では、石破総理の権力の使い方は、ある意味で本来の「政治」であり、仲良しこよしの生ぬるい価値観を持ち合わせていた人の方が「政治的ではない」と言える。

「政治資金不記載の禊《みそ》ぎは、もう済んだから問題なく公認は得られる」という「甘え」が、そこにあったのかもしれない。

しかし、だ！　だからといって、敵味方を明確に峻別したならばな、石破総理の味方なんてごく一部なんだから、政権は持たないぞ。あくまで高市さんが嫌いだから石破票を入れてやるというアンチテーゼによって成立した政権なんだからな！

そもそもな、「選挙」という制度が導入されたのは、いちいち殺し合いをして政治権力を決めていたら、命がいくつあっても足りないし、お金もかかって仕方ないから、投票という安上がりな行為で権力を決めるという合理的な判断ゆえだ。だから明治初期には選挙がよく理解されず、爆弾が使われたこともあった！

さて、ここに本来ならば政党という枠組みで対立軸が決まるのに、政党のなかの派閥というさらに小さな単位に、政治思想が全く違う人たちがひしめいているのが日本だ。「敵味方を峻別する」のではなく「敵味方を曖昧にする」という。真逆だ。これでは決まるものも決まらず、全てが先送りになり、政治は機能不全となる。

だから、同じ敗戦国でありながら、ドイツは憲法改正をして自衛権を明確にし、ドイツ国防軍を復活させ、ＮＡＴＯで集団的自衛権を発揮し、核兵器を共有《シェアリング》し、スパイ防止法もつくり上げた。ところが、日本は何一つできていない。

だから!! この日本国憲法下で1人の女子中学生が拉致され、2024年でもう60歳になるというのに、いまだ帰国できていない。日本国憲法によって「海外で拉致実行犯を逮捕してはならん。武力行使だからな!」と、人権を守ることを禁止しておる狂気がいまだに残り続けておる。

これが「政治のサル真似」を戦後80年間もやり続けてきた末路なんじゃ。

石破さんのやり方は反感しか買わないだろう。だが、それが「敵味方を峻別する行為」という政治の基本原理だという現実も忘れてはいかん。日本人は上から下まで、どこか甘えている。

「意見や考え方が違う人とも仲良くやっていこう」というのは、小学校の学級会だぞ! 政治ではない! やるか、やられるか。それが政治だ! 政治の失敗以前に、派閥とかいってるから政党政治すら始まってないぞ! この国は!

石破政権は明らかに長くは持たない。トランプ政権ができたら、なんかスキャンダラスなリークがCIAからされて首が飛ぶかもしれないし、予算や法改正で党議拘束をかけても造反しまくり政権運営では困難を極めるだろう。

麻生太郎さんは、高市さんに「すぐ次が来るから、これから半年くらいは飲みに行け」とアドバイスをしたという報道さえあった。だからこそ、次は「目にもの見せてやれ」という「政治行為」が必要なんじゃ！

日本人よ、政治に目覚めろ！　仲良しグループじゃ務まらん！　政策一つとっても誰かにとっては生きるか死ぬかの選択なんじゃ！　敵味方を明確に意識しろ！

一票の格差の何が問題なのか話すぞ！

日本の民主主義は腐敗し、機能不全を起こしていることを表徴するのが、2024年自民党総裁選の決戦投票における都道府県票じゃった。

沖縄県の石破得票数は1476票、岩手県は1811票に対し、東京の高市票は19915票と10倍以上。しかし、「同じ一票」として数えられた。これを異常と思わんのか！

党総裁選は公職選挙とは違うが、いまの日本では一票の価値がどうしてこうも違うのか。同じ問題に直面したイギリスが200年前にこれを解決している。

イギリスの民主主義は17世紀に一般化したが、19世紀初頭になると、かつて農村として栄えた地域が、産業革命によって若者が都市へ移動し、人口過疎化が起きた。まるでいまの日本じゃ。

しかし、選挙法における区割りはそのままだったので、過疎化した農村からも、大都市からも、一人の庶民院議員（日本の衆議院）を出す問題が起きた。これを「腐敗選挙区」という。

イギリスはこの問題に対して「地方の声を議会に届ける！」などという戯言《ざれごと》は言わず、1823年に選挙法を改正し、一票の価値を限りなく平等に近づけて解決した。

さて、現代日本。

1992年の参院選では、ど田舎は6・59票を持っていたが、現在（2022年）は3・03票を持つ。衆議院でも2002年で田舎は2・47票。選挙区を「10増10減」する公職選挙法が改正され、新たな区割りでは格差は最大1・999倍に縮小したが、それでも2倍。

これで都会から集めた税金を地方交付税にしているのだからたまったもんではない。残念な言い方だと思うが、都会と田舎では国勢調査における大卒率も半端なく違い、どうしても「議員の公約」に対する有権者の評価観点が違う。

端的に言って、国際的にアウトなことでもローカルルールを背負った議員が国会に来て、日本が国際的に大非難されている事態にもなっている。２０２０年に欧州議会で「北朝鮮より悪質な拉致国家として日本国が非難決議を受けた子どもの連れ去り」とかな！（この件の詳細は３章で）

この欧州議会から日本が名指し非難された国際的な凶悪犯罪も「おらが村」では日常よ。

江戸時代まで女性の誘拐と強姦による強制結婚が合法だった一部地域の倫理観が、日本政府を代表してしまうがごとき根本的な原因が、やはりこの一票の格差にあると思う。

ほか国際紛争もそう。農地への補助金にしか関心がない有権者が、果たして台湾・沖縄において、今後予想される戦闘で日本を有利に導く代表を選出できるのか、はなはだ疑問だ。これも「田舎は都会の2倍の票」で、事態はさらに悪化している。

じゃあどうするか？　一票の格差をなくす努力と、格差があったら、それは民主主義ではないと理解することだ。

あのな！　日本をあの敗北に導いた戦争の予算を可決した議員は、圧倒的に地方から出てきた人が多いぞ！

都市部では非推薦といって、戦争に慎重な立場を表明した議員が多く当選している！　ワシは田舎をバカにしたいわけではない。ワシも田舎で生まれ育った。田舎には純朴で人柄が良い人がたくさんいる。だからこそ、その人柄の良さをつけ込まれてしまいがちなんじゃ。

だがな！　一票の格差がある議会は、民主主義の敵だぞ！　地方の声は地方議会から届けてくれ！　地方交付税で補助金たんまりのみならず、外交も経済もズタボロにやられたらたまらん！

保守主義とは、一票の格差をなくし、正当な議会を運営したイギリスの思想に基づく。一票の格差を放置するな！

2章

おい、移民優遇で日本人は逆に差別を受けてるぞ！

日本は苛烈な人種差別と戦ってきたんじゃ！

最近、「在日外国人への差別をやめて」とか集会してるが、そもそも「差別」という言葉の意味をわかってないようだから改めて説明する。

差別とは「属性で権利義務に変更を加える行為」だ。素行の悪さを理由に嫌うのは信条の自由だが、「日本人は我慢せい」とか言うのが差別じゃ。

いい加減にしろ！　現在の日本では、かなりの広範囲で人種差別が確かにされている。それは、法律で人種差別を肯定しているからじゃな。欧米では差別とは前述の通り、属性で権利義務を変えることを言うが、日本では、

「本邦外出身者に対する行為」

と法律で決めているため、「本邦出身者」への人種差別が事実上やり放題となっている。たとえば福祉じゃ。日本人は外国Aで生活保護を受給できないが、在日外国人Aは、日本で生活保護と無料医療を受ける権利があるとかいう。

また、外国人間においても、特定の民族だけに永住資格を相続したり、本名とは違

う名前を名乗ることが認められているが、その民族ではない人は、永住資格の相続ができないし、別名を名乗ることも認められない。税金も、特定の民族や人種は免税されるが、ほかの人種は課税される、とか、日本ではかなりヤバい人種差別がたくさんされている。

２００６年2月2日、福岡高裁は、熊本市が特定の人種であることを事由に、固定資産税を免除していたことが違法だと判決を下した。熊本市は、「公益のため」ならば固定資産税を免除する規定を日本人立ち入り禁止の建物に適用していた。

そして、もっとも最悪なのは憲法で差別禁止を決めていても、この規定に反することが全国的になされ、もう止められない現実だ。

東京では、人種を理由に手当まで支給している区がたくさんある。あげく、深夜騒音やゴミの撒き散らし、危険な道路走行などで、日本人が外国人に文句を言うことは許されないと、人種差別の概念を逆手にとることがされている。

あのなあ！　本物の人種差別というものはな！　結婚を不受理にしたり、裁判で人種により不利益な処分をすることや、行政が人種による特権を行使することを言う。

現状を見ろ！　日本人は被差別対象なんだ！　凶悪な人種差別を受けているのはワ

シら日本人なんじゃ！

戦前、日本は朝鮮と台湾を併合した（植民地にしたというのはデマじゃ。併合は契約によるもので、植民地化は事実上の占有をいう。朝鮮・台湾は条約締結による併合じゃ）。

その際、日本国内に引っ越してきた朝鮮・台湾人をどうするかが議論された。結論は、日本人と同じにする、だった。

だから、被選挙権も選挙権も認められ、朝鮮人衆議院議員の朴春琴《パクチュングム》も当選し、日本人との結婚制限もなかった。義務教育も受けさせた。

アメリカなんか法律で白人と黒人の結婚を禁止していた。ようやくコロラド州で廃止されたが、いまから24年前に過ぎん！　もちろん在米日本人の子どもが小学校に通うことも禁止した。先の大戦では、日本人のゲノムを持つアメリカ人は財産を没収され、強制収容所に入れられたりもしている。

世界には苛烈な人種差別があり、日本だけがそれに抵抗してきた。その歴史を忘れて、いま日本人が差別対象になっている。

日本人の大学生が借金して大学進学している横目で、特定の人種だけは無料で日本の大学に行き、税金だって日本人大学生がアルバイトをしたら源泉徴収されるが、特定の人種だけは源泉徴収されない。もうメチャクチャなんじゃよ。

犯罪だって、日本人がやったら刑務所に長期収容されることが、外国人が同じレベルの犯罪をしても不起訴になるのを、みんな見ているだろ!

この延長線上にあるのは、

「日本人が外国人を殺したら凶悪犯罪だが、外国人が日本人を殺しても無罪か、軽微な罪」

という未来が待っているぞ!

どれもこれも、日本政府や司法に日本人の自認がある者が少ないから起きていると、ワシは思う!

目覚めよ、日本人! 戦争は銃弾によって始まるものではない! 内部への侵入によって起きている! 手遅れになる前に怒りを言葉に出せ!

罪を犯した外国人が在留できるのはおかしいじゃろ!

埼玉県で14歳の女の子をレイプした移民が、今度は12歳の女の子をレイプした!

なぜ、一度目の性犯罪で国外退去にならないのか！　それは法律で「日本人女性をレイプしても外国人は在留できます」と決めてるからじゃ！　出入国管理及び難民認定法第24条第1項第4の2号だ！

なぜこんな法律があるのか？

結論から言えば、戦争に負けたからだ！

まず、日本があの戦争に負けると、レイプが合法化された。ガチだぞ。警察や検察は、性犯罪をした外国人を逮捕や起訴することを禁止された。それだけではなく、マスコミは外国人による性犯罪を報道する自由を禁止された。GHQが定めた「SCAPIN」（連合国最高司令官指令）のためじゃ。

SCAPINは、法律や憲法よりも上位の法とされ、日本人の財産を没収し、宗教の自由を禁止し、報道や言論の自由を禁止した。日本人の教養を高める本も図書館から燃やされ、教科書が黒塗りにされる洗脳教育が始まった。

そんななか、毎日、毎日、日本人女性狩りがされ、道端には強姦され、殺害された女子高生が転がっていた。女子高は狙い撃ちにされ、連日トラックで女子高生狩りがされ、ひとクラスが全裸にされ輸送され、家畜とされた。阻止しようとした先生たちはみんな殺された。

　民家にも押し寄せ、お母さんと娘を強姦して楽しんだ。もちろん犯罪ではない。日本人の基本的人権は消滅したからな。日本国憲法はただの紙じゃ。紙以外のなんの効力もなかった。

　それでも新聞社は「色黒の大男が」とか隠語を使い、なんとか記録しようとしていた。やがて1952年になると、強姦自由化が終わろうとしていた。サンフランシスコ平和条約による主権回復だ。そうすると、1945年9月から1952年4月までの日本占領期間中の犯罪を捜査できてしまうよな。

　だから、刑事訴訟法を改正して（248条）、殺人だろうが強姦だろうが、あらゆる外国人犯罪を無制限に「不起訴」にできるようにし、レイプをした外国人の日本在留資格を認める法改正がされた。これは現在もそのままじゃ。

　だから移民犯罪を不起訴に、移民が強姦しても在留資格が認められるわけじゃな〈刑法第2編第22章〈性犯罪全般〉の容認〉。覚醒剤や大麻は国外退去理由になるのに、強姦はＯＫなんじゃ！　だから、難民申請して仮放免中に3回もレイプした奴がおる！

ここで外国人の「強制退去の基準」を整理するぞ。

・在留資格（職業や就学等）
↓性犯罪はＯＫ
・永住資格（成人）
↓1年以上の懲役禁錮はアウトだが執行猶予、罰金はＯＫ
・永住資格（少年）
↓3年未満は何をしてもセーフ
・難民資格
↓性犯罪はＯＫ
・特別永住資格（韓国朝鮮等）
↓7年以上の懲役かつ法務大臣認定でアウト

あのなあ、ハラールフードや公営施設における特定宗教のみの礼拝所設置などで異文化を日本に理解していただきたいという前に、12歳の女の子の性器に成人男性が何か入れたらダメだという日本のルールをまず理解しろ‼　現状のやり方は、ただ日本という国を破壊する目的があるとしか思えん！　司法も狂っておる！

「価値観を共有できない人々」が現在までワシらの社会に与えた影響として、次の3例の裁判を紹介したく思う。

【1】東京地裁は2017年7月27日、30代の日本人女性に対する準強姦罪で起訴されたトルコ人男性に対して、無罪判決を下した。同被告は、東京都北区JR赤羽駅近くの多目的トイレ内において、日本人女性を姦淫し、被害女性の性器付近にトルコ人被告の体液（DNA型一致）が付着していたとして起訴された。しかし、石井俊和裁判官は「（体液付着は）犯罪の裏付けにはならない」として無罪判決を下した。

【2】名古屋地裁は2017年9月5日、電車内にいた23歳の日本人女性に対する強制わいせつの罪で起訴されたブラジル人男性に対して、無罪判決を下した。同被告は、電車内の座席にたまたま座っていた被害女性の頭部を摑んで性的行為を強要し、性器を触らせるなどしたとして起訴されていたが、田辺三保子裁判官は「被告は外国人で

あり、拒絶の態度を理解できず、女性がただはにかんでいると受け止めた」として無罪判決を下した。

【3】静岡地裁浜松支部は2019年3月19日、自宅付近のコンビニを利用中だった16歳の日本人女性に対する強制性交等致死傷の罪で起訴されたメキシコ人男性に対して、無罪判決を下した。同被告は、被害女性を人のいない場所に連行して身体を触り、被害女性の口腔内に自己の性器を押し込み、口唇外傷を負わせるなどして起訴されていたが、山田直之裁判官は「(外国人の)被告からみて、明らかにそれとわかる形での抵抗はなかった」として、無罪判決を下した。

このままでいいのか!

政治に関心がないと、結局、痛い目にあうぞ!

埼玉県警が移民による女子中学生レイプ事件を隠匿《いんとく》していた!

県警の言い訳によると「被害者が公表を望まなかった」などと言うとるが、そんな法令はないし、注意喚起の「国家法益」と被害者の羞恥心《しゅうちしん》という「個人法益」を比較して、前者を蔑《ないがし》ろにして良い理由はない！　なぜ、こんなことが起きたのか！

埼玉県で移民が暴れている理由は、端的に言うと埼玉県民の政治に対する意識が低いからじゃ。だって、埼玉県知事選の投票率は23・76％だもの（2023年）。白票で投票率が上がることを知らんのか。2024年の都知事選の投票率は60・62％じゃぞ。はっきり言って、埼玉県民の政治参加意欲は最低。近隣の千葉県や神奈川県だって、ここまで酷《ひど》くない。

で、投票率が低いと、なぜ、移民レイプが増えるのか？　だって、移民による格安労働力を必要とする「特定の業界」による票田だけで、つまり組織票だけで県知事が当選するよな。一般埼玉県民の娘がレイプされようが、どうでもいいんだもん。儲かれば。

そして、埼玉県警は埼玉県公安委員会によって「具体的事態に応じ、個別的又は具体的に採るべき措置の指示」を受ける。で、公安委員は知事が任命する。「移民がレイプしても隠しなさい！」という「民主的な指示」が法制度上可能なわけじゃ。

移民がレイプするのは許される、という思想の持ち主が当選して警察への事実上の指揮権を持っとればどうなるか。東京都でも石原慎太郎都政のときは風俗店が広告を出せなくなったが、小池百合子都政になったら歌舞伎町には未成年者が徘徊《はいかい》、屯《たむろ》して酒と薬で乱交を始めたじゃろ。警察行政と知事は連動しているわけじゃな。だから、レイプが嫌なら選挙に行くことじゃ。

で、次の論点として、属性の問題がある。

トルコ政府は、埼玉県の移民たちとテロ組織のつながりを認定して、資金封鎖などの措置をとった。そもそも出稼ぎに対して難民というニセの在留資格を与え続けるように、日弁連が法務省に圧力をかけ続けたことも報道された。ニセ難民にテロ組織、それを特定業界に使うため、票になると思って擁護し続けるバカな政治家。どれも「組織票」の影響じゃな。

日弁連がニセ難民資格を推進できるのも、政治家がそれを許しているからだし、政治家がテロ移民を擁護し続けるのも特定業界からの組織票頼みだし、全部選挙に行かない人の責任なんじゃよ。

民主主義は言い訳できない制度。専制や寡頭は、王や貴族のせいにできるが、民主主義で低い投票率となって起きたことは、これ、自分たちの責任。そのあたりを自覚しない限り、未来はない。

とはいえ、実情は看過できない。レイプだけではなく、小火器をため込んでいるかもしれんし、そもそも違反が多すぎる。

解決はただひとつ。ノーを突きつける政治家を選ぶことだ！

ワシは移民に反対するため2017年、衆議院選挙に出た。ただ、ちょっと早すぎたため、あまり理解されなかった。民衆は未来を読めないからな。いまならきっとワシの移民反対論に共感してくれると思う。

いまからでも取り返しできるぞ！

スパイ防止法がなければ次に性被害にあうのは妻や娘じゃ！

先述した12歳と14歳の女の子が埼玉県で移民にレイプされた事件じゃが、実は20年前、法務省入国管理局が、これら移民が本当に「弾圧された人々か？」現地調査をしたところ「日本で働いて故郷に帰る」という事実が判明した。しかし、日弁連が隠蔽《いんぺい》

したことが最近わかった。日弁連は、なんでそんな力を持ってるんじゃ⁉

そこで「ブルーパージ」について話したい。ブルーパージとは、最高裁長官の石田和外《かずと》が始めた共産主義狩りを言う。

天皇陛下の処刑と日本人の全財産没収を目的に頑張ってる「司法試験合格者」の組織があってな、この組織に参加した人が、裁判官や検察官になるのを阻止するため、最高裁長官が頑張ったんじゃ。これを「ブルーパージ」という。

石田長官はその後「日本会議」の全身となる正義の組織をつくるぞ。しかし、それがされたのは、もう50年も昔じゃ。

法務省は、ほかの省庁とは違い、司法試験に受かって任官した検察官が幹部となり、局長とかになる組織なんじゃな。だから、司法試験に合格したなかに反日主義者がいると、大変なことになる。

いまから22年前には、法務省の公安調査庁長官だった人が、北朝鮮が日本国内に持つ一等地の土地をめぐり北朝鮮と仲良くして、悪いことをして捕まったこともあった。つまり、日弁連と法務省内に「共産主義者」がいたら、真実の隠蔽や日本人の人権を弾圧する（これを「人権保護」と共産用語で言う）のはお手のものじゃ。

アメリカではな！　こんなことは起きない。

なぜならば、アメリカには共産主義者取締法が昔からあり、共産主義者が政府に入り込んだりすることを阻止できるからだ。イギリスにも大逆罪があり、普通の犯罪では死刑が廃止されているが、大逆罪では現在も死刑しか刑罰がない。

「大逆」とは国王に対する攻撃を言う。共産主義は必ず君主を攻撃するから、事実上、これが共産主義者を取り締まりできる根拠法なわけじゃ。

このように諸外国では、悪いことをする奴らを処罰する法があるが、日本は戦争に負けたとき、そういう法律を全て廃止させられてしまった。治安維持法（1925年）じゃな。

挙句、公教育まで共産主義者に管理されたから、治安維持法をまるで悪いものかのように思っている人がたくさんいる。

ところが、ワシが治安維持法の運用はどんな感じだったのか、『大審院刑事判例集』というので調べてみるとな、共産主義という思想だけで逮捕起訴されているものはなくて、強盗とか有印私文書偽造とか、いろんな犯罪とセットとなっている。つまり、共産主義の思想を実現するためには破壊活動や資金が必要だから、そうしたわけだ。

いま沖縄では独立論が出て、人民解放軍を沖縄に呼び寄せる政治活動の自由が認められているが、無思想ではなく、この内乱の予備には、明らかに共産主義があるよな。だって共産圏の軍隊を呼ぼうとしておるからじゃ。

ならば、犯罪の動機を形成する共産主義者を違法にするのは当然だよな。「自由を破壊しようとする自由は認められない」のが基本じゃ。

共産主義は、昔は貧困者を煽ったが、福祉の進歩で貧困が解決すると、今度は精神障害者の治療を停止して煽ったり、国外から貧困者を輸入して治安を乱そうとしているように見える。

世間では、法曹の国籍条項がなくなったことが問題視されているが、アメリカなんかは弁護士に国籍制限はない。なぜならば、共産主義者取締法があるから！

スパイや共産主義者を放置したって庶民の暮らしに何の影響があるという？　と思う人がいるかもしれない。でも今回、共産主義を放置したから、スパイを放置したから、ただの出稼ぎ労働者に「難民」という虚偽の法的身分が与えられ、巡り巡って、埼玉県で普通に暮らしていた日本人の14歳と12歳の女の子が、その人たちから無理やり身体を触られたり、性器に無理矢理いろんなものを入れられる性暴力を受け事件になったわけだ。

もし日本が世界基準の法秩序を守っていたら、性被害はなかった。そういう視点が大切なんじゃ。

もう経験したから学ぼう。スパイ防止法がなければ、次にレイプされるのはおぬしの妻や娘、孫娘だぞ！

ハラール給食は法律違反なんじゃぞ！

茨城県境町《さかいまち》の橋本正裕町長と五霞町《ごかまち》の知久清志《ちくきよし》町長が、「特定の宗教のためだけ」に税金を使う、人種差別と評価されても仕方がない政策をしていたことが、2024年9月3日付の「日経新聞」で報じられた。ハラール給食じゃ。

まずな、公立学校で「ハラール食を体験してみよう！」とか「精進料理を食べてみよう！」という「イベント」をするのは何も問題ない。

日本は、

「宗教に関する一般的な教養と社会生活の地位は、教育上尊重される」

と法律で決めているからな。

宗教的教養とは、各宗教の教義を「学問」として学び、宗教的な社会生活上の地位とは、どの宗教を信じていても不利な扱いは受けない、ということじゃな。

しかし、この2人の町長は、特定の宗教の活動を「給食の献立」という「継続性」のある領域において実行した。

じゃあさ、ユダヤ人は、宗教上、エビ、カニ、タコ、イカ、ウナギを食べることができないが、ユダヤ人に配慮した学校給食を提供しているのか？

仏教では殺生《せっしょう》した食材はダメとされているが、敬虔《けいけん》な仏教徒に配慮した精進料理を給食で提供しているのか？

ヒンズー教徒は牛肉がダメだが、配慮しているのか？　なんでイスラム教徒だけに便宜を図るの？　合理的に正当性を説明した？　してないじゃろ。

その意図はもちろん「人種差別思想」だからだ！

アメリカではな、レモン対カーツマン事件（403 US 602〈1971年〉）というのがあってな、公権力が宗教とかかわるときは、
①世俗的であり、すでに確立された社会一般慣習の範囲であること

②特定の宗教を推進したり、妨害しないこと

という範囲で、公権力と宗教のかかわりが認められる（２０２２年にケネディ対ブレマートン学区事件で一部破棄された部分もあるが）。

この基準が日本の最高裁でも採用されてな、

「宗教に対する援助、助長、促進又は圧迫、干渉等になるような行為」

はダメだが、

「社会の一般的慣習に従った儀礼を行うというもっぱら世俗的なもの」

ならば大丈夫と決まったんじゃな（１９７７年７月13日／最判）。

じゃから、小学校でクリスマス会をしたり、自治体から町内会の夏祭り用のお神輿《みこし》購入に補助金出したり、自衛隊の戦車が西暦の下２桁で名付けられても、それはすでに社会で一般慣習化したもので、それをしたからといって神道やキリスト教の勢力拡大にはならん、ということなんじゃな。

何か建物を新築するとき、神主さんを呼んで地鎮祭をするのに税金を使ったとしても、それ自体は日本国憲法がある前からずっとされていた社会の一般慣習だし、それをしたからといって神社神道が勢力拡大する理由はないよな。

ところがじゃ！　茨城県境町と五霞町は、「新しいこと」をしているよな。ハラール給食という新規のことじゃ。

ハラールって日本の国民食か？　クリスマスケーキ消費量と同等か？　ん？　違うよな。つまり、一般慣習化もしていない。

で、ハラール給食が提供されたら、それはイスラム教の勢力拡大に貢献するか？　するよな。どうみても。だって弁当をつくり、持参などの労力がなくなるのだから。便利だよな。イスラム教徒のママさんたちが宗教を実践するにあたって労力を公金で肩代わりしているよな。宗教弁当のかわりに宗教給食を出すんだから。

以上から、ハラール給食が「宗教的教養」ではなく、教育基本法第15条第2項でガチで禁止されている、

「国及び地方公共団体が設置する学校は、特定の宗教のための宗教教育その他宗教的活動をしてはならない」

に該当する理由なんじゃ。

これな、とんでもないことなんじゃよ。税金使って共産党入党を勧誘するのと同レベルの違反度だとワシは思う。いや、私立ならいいんじゃよ。好きに宗教活動しても。

実際、上智大学や青山学院大学、立教大学などの附属学校では、宗教の時間があって聖書の詠唱時間などがカリキュラムにあるよな。

ワシはいまだ公平な立場から納得してないが、政府からの大学助成金を使われているのは、一応、私立だしな。

でも、茨城県境町と五霞町のは、公立学校じゃろが！！！　世界中のあらゆる宗教に配慮した給食を提供するなら、特定の宗教活動にはならん。

しかし、ハラール給食は特定の宗教活動じゃ！　法律を守れ！　人種差別をやめろ！　差別を　や　め　ろ！

ワシが言いたいのはそれだけじゃ。

外国人のパーティー券購入お咎めなしって、どういう了見!?

政治資金不記載について物申す！

ちまたでは議員個人の脱税とか言われておるが、これは政治団体と政治団体の資金のやり取りだから、個人にかかる所得税とは関係ない。では法人税の話か？　これがなかなか難しいので解説する。

まずな、政治団体は、「政党」(国会議員5人以上か、国政選挙で一定の得票率)に格上げされたら「公益法人」なんじゃが、単に「政治団体」(総務省に届出すればよい)だと「権利能力なき社団」となるんじゃな(2010年3月12日/閣議決定)。

この「権利能力なき社団」というのは法人格を持っていない人の集まりを言う。ワシらの身のまわりでいうと、自治会や町内会、同窓会とかじゃな。みんなからお金を集めてなんかする団体じゃ。

で! 政治資金だと記載されたお金は政治資金だから非課税になるんじゃが、記載されてないから、そのお金が政治資金だという証明がないわけだ。すると「譲渡」になる。

権利能力なき社団に譲渡した場合、受け取った側は、譲渡課税を受けて納税義務がある。国税不服審判所が昔から支持する考えじゃな。

ちなみに病院(公益法人)がほかの病院から寄付された場合、「事業関係者から受領したものであることから、経済的実質から見れば事業の遂行に付随して生じた収入というべきであり非課税所得には当たらない」(=課税!)

と判断されている（２００２年1月23日／国税不服審判所裁決）。

さて、以上の話を整理すると、

①政治団体は権利能力なき社団である
②権利能力なき社団への贈与は課税される
③でも公益法人への贈与は課税されない
④政治団体は公益法人か？

これが最大の論点となるわけじゃ。

前述したように、政党は公益法人だと法律で決まっておるから、政治資金不記載でも寄付だといえば何も問題は起きない。

しかし、政治家個々人の政治団体も「権利能力なき社団かつ公益法人」なのか？

この点につき、西田昌司参議院議員が２０２４年3月12日、国税庁の星屋和彦参考人に質問したところ、次の回答が来た。

「政治団体は、一般的には人格のない社団等とされておりますので、人格のない社団等の場合には法人税法上に規定する三十四の収益事業から生ずる所得のみに課税するということでございますので、収益事業に該当しないものについては法人税の課税関係は生じないということでございます」

つまりな！

①政治団体は公益法人（と同じ扱い）
②政治活動は収益事業ではないから政治活動から生じた寄付は課税対象とはならない
③したがって、政治資金不記載でも課税対象とはならない

なるほど！　一応筋は通っているな！

だが、これで最悪の脱税スキームを与えてしまったな。政治団体とは総務省に届出さえすれば誰でもつくれる。

で、そこに寄付されたら非課税なんだって！　じゃあ、相続税を払うんじゃなく政治団体を設立し、そこに寄付すれば資金プールできるな！あらゆる税金逃れのやり方に、いま政治団体が熱い！

まーでも、よく考えたら昔からそうなのかもしれん。なぜ、街宣車が軍歌流して走っているのか。税務署から突っ込まれた時、「いえいえ、ちゃんと政治活動してますよ」ということかもしれんな。

ただ、ワシが、国税庁なら政治資金として記載がなくても、実態として政治資金に使用されているなら政治資金だし、その金で女とか買っていたら脱税として追徴課税とかかな。

つまり、領収書で判断する。昔はそうしていたんじゃろが、面倒なので政治資金だとの記載方式にした。誤解を招かない政治にしたいな！

あと、政治資金不記載なんて実はカスみたいに小さな問題で、一番ヤバいのはパーティー券じゃ。北朝鮮が国家として日本の国会議員の政治資金パーティー券を購入し、議員に要望を出しても合法だし、実際やってるからな。

岸田文雄内閣（当時）が改正した政治資金規正法でも、中国共産党が日本の国会議員の政治資金パーティー券を購入して、議員にたくさんお金を渡しても合法とした。これ、移民問題全てに言えるから。これ、放置したら日本は崩壊するぞ、間違いなく。

政治資金不記載問題は、パーティー券問題を見えなくするためかもな！

移民で失敗したドイツに学ばんでどうする！

いま移民政策が問題となっている。

埼玉県では移民の犯罪やトラブルが後を立たず、大きく社会的関心を集めている。

そこで、そもそも「移民受け入れ」とは何なのか、思想の源流について考えてみたい。

みんな哲学の話は嫌いかもしれんが、移民の可否は哲学上の対立であり、大戦争の原因でもある。

いきなり答えを言うと、「イギリス経験論」と「大陸合理論」の対立なんじゃ。

第2次世界大戦で説明してみるぞ。

ドイツは、ユダヤ人を人間ではないと決めて政策を進めた。でも、科学的に、つまり分類学上、ユダヤ人は何かと問われたら「サピエンス」だよな。しかし、大陸合理論は、人間が得た経験則よりも、人間が思弁をして得た結論を優先する哲学思想だから、さまざまな思弁の結果、ユダヤ人は人間ではないと結論が出た以上、ユダヤ人は科学的に（経験的に）何かという事実は否定される。こうして絶滅収容所が建設されたわけだな。

一方でイギリス経験論は、人間が頭で考えた結論よりも、人間が観察して発見した事実を優先する。つまり、ユダヤ人が何をしていようと身体のつくりがサピエンスで、染色体が23対あって生殖可能な以上、人間なわけだ。

ただ、こう書くとイギリス経験論が正しくて大陸合理論が間違っていると思うかもしれんが、「現状をありのまま認識する」というイギリス経験論がもたらしたものが、強烈な人種差別であった一方、ドイツではユダヤ人差別はあったが、ほか、有色人種に対する差別が廃止され、武装親衛隊にインド人や黒人などを採用していた、という歴史がある。

つまり、経験論はありのまま評価するから、有色人種たちが強い軍隊をつくれなかった歴史的事実から植民地支配や人種差別もありのまま受け入れるが、合理論だと、「それは不公平ではないか！」と、経験から得た事実に真っ向から反対する思想にもなる。

つまり、大日本帝国だな。大日本帝国は、「なぜ、ほかの地域が植民地になったのか」という歴史的事実をすべて無視して「差別は許さん」とした。

朝鮮を併合した際にも、朝鮮人の文化や遺伝子、教育水準といった経験的事実をほぼ無視して、大学や病院を建てたり、義務教育を導入したり、日本への移民と参政権を認めたり、「合理的」だった。

合理主義は経験から得た情報を無視して結論を導き出し、経験主義は経験から得た情報だけを認識する。これは対立するよな。

結果、日独は英米と戦争に至るわけだ。合理主義の結論は全く違ったが、ユダヤ人は人間ではないという合理主義と、植民地支配された人々はみんな同じ人間だという合理主義が、英米の経験的事実（ユダヤ人は人間だし、植民地人は自分らと同じスペックの人間ではないという認識）と反したわけだ。

話は飛ぶが、LGBTの問題も、イギリス経験論と大陸合理論の対立じゃ。何をどうしようと性別という経験的事実は変わらないという立場と、思弁し認識すれば経験的事実を超越した認識を優先する（トランスジェンダー）というわけだ。トランスとは経験的事実である、性別を超越する意味じゃ。

まあ歴史的には、経験論でガチガチに固まった状態を合理的に打破して良かったこともあるし、経験論で安定していた秩序を合理的に破壊して余計に悪くなったこともある。

郵政民営化とか、明治維新とか、アメリカ黒人奴隷解放とか、フランス革命とか、全部、経験と合理の対立軸で説明できるわけだ。

移民受け入れ可否も、それじゃ。移民受け入れは合理論だよな。働き手がいないとか、少子化した国を支えるとか。で、一度結論付けたら、実は移民は働かず社会保障費が増えるだけとか、犯罪が増えて治安維持費がかかるとかいう「経験的事実」は完全に無視される。

しかし、保守主義者は経験論を前提にするから、経験的事実に基づき批判する。イギリスは移民受け入れ義務停止に成功したが、ドイツは移民であのザマだ。

日本はイギリスに続くのか、ドイツに続くのか。

ワシら保守主義者が、浅い合理的判断を今後、いかに批判し続けられるかにかかっている！

3章

日本人よ、もっと世界の〝残酷さ〟を知ろうな！

トランプ当選を喜ぶべき理由はこれじゃ！

トランプ大統領再選で第3次世界大戦は回避された！　ウクライナ戦争もイスラエルハマス戦争も終わり、台湾沖縄戦争も起きない！　本当に嬉しい！　涙が出るほど嬉しい！

トランプ政権の「世界戦略」によってなぜ、平和が守られるのか。

アメリカは第2次世界大戦を東西二正面作戦で勝利した。日本は中国戦線と太平洋戦線で戦い負け、ドイツも大西洋戦線とロシア戦線で二正面を戦い負けたことと比べたら、アメリカの凄《すご》さがわかると思う。

この実績により、いままで誰もアメリカによる世界秩序に挑む者はなく、むしろ、アメリカが共産主義の膨張を抑えるために局地戦争をしたり、アラブの団結を抑えるためにイラク戦争をしたりしていた。

それが変わったのが2022年じゃ。ロシアは、ウクライナ国内に戦力配備がされる恐れ（対外的にはロシア占領地におけるウクライナ軍からの攻撃）を理由に戦争を始めた。2023年には、武装勢力ハマスがイスラエルに攻撃を仕掛けた。使用された砲弾は北朝鮮製だった。そして、2024年には、第3の戦線である台湾・沖縄戦線がつくられる予定だった。

アメリカは二正面作戦に勝利した歴史を持つが、三正面作戦に勝った実績はない。事実、ウクライナ支援予算と中東に手一杯で、アジアに空母打撃群を展開するゆとりはなかった。

そんななか、トランプ政権が戻った！　ご存じのように、米民主党とは、国内では黒人奴隷制度に賛成する目的で結成され、黒人公民権反対、あのKKK（クー・クラックス・クラン）の支持母体であると同時に、多くの軍事企業が支援しているため、戦争によってお金儲けができる人たちによって支持されている。

しかし、共和党はこの逆で、国内では黒人奴隷に反対し、戦争にならない方がお金儲けできる企業（平和な製品輸出）が支持している。なので、アメリカが大戦争に参加するときは、だいたい民主党政権の時じゃ。第1次世界大戦も、大日本帝国に石油輸出禁止して戦争をしたときも！

すごい簡単な構図なんじゃな。戦争すれば儲かる製品（弾丸、砲弾、小火器、大量殺傷兵器）は、アメリカが戦争を支援すれば儲かるし、平和だと儲かる製品はアメリカが戦争をしなければ儲かる。戦争地域にファミリーカーなんぞ売れんからな！

戦争支援で儲ける構図は歴史が古く、たとえば１９４１年にナチスとソ連共産党が戦争を始めると、米民主党はレンドリース法をつくり、アメリカ企業が武器弾薬を生産し、それをアメリカ政府が買い取り、ＰＱ輸送船団（ソ連に送られた連合国軍の援助物資輸送船団）でソ連に送る構図をつくり出した。ナチスがソ連軍の兵器を破壊するたびに、ソ連軍はアメリカに再注文するからチャリンチャリンとお金が入ってくるわけじゃ。

２０２２年もアメリカ企業が生産した砲弾をアメリカが買い取り、ウクライナに送った。ロシア軍に向けて撃つたびに、お金がチャリンチャリンと入る。戦争の場所は違っても利権の構造は同じなんじゃ。

しかし、トランプ政権は、砲弾ではなくお菓子や乗用車など、戦争がない方が買ってくれる製品をつくる人々によって支持されている。

なので、簡単に言うと、２０２４年米大統領選挙は「戦争すると儲かる人たち」と「戦争しない方が儲かる人たち」の争いだったわけじゃな。

アメリカは太平洋と大西洋に囲まれ、アメリカ本土は日本軍の潜水空母から発進した飛行機がオレゴン州の山林に焼夷弾を落としたのと風船爆弾のほか、戦争で攻撃されたことがない。だから、他人の戦争が一番儲かるわけじゃ。

日本が第1次世界大戦や朝鮮戦争という「日本が戦場ではない戦争」でお金儲けできたことが毎回どの戦争でもできたわけじゃ。

でも、それがバレないように、メディアを買収して、コメンテーターにウソをつかせ、テレビしか見ない人たちを洗脳して都合のいいことばかり言わせて情報操作をしとるわけだ。日本のテレビさえ「カマラ・ハリスが有利で勝ちます!」とウソばっか放送していたよな!

そうして洗脳して裏で悪いことをするのが民主党の手口じゃ! さあ、新しい平和で素晴らしい時代が始まるぞ! みんな、良かったな!

トランプ当選で通貨の流れが変わった!

ビットコインが1ビット1400万円を超えた!（2024年12月20日時点）

なぜ、暗号資産（仮想通貨）が値上がりしたのかの。もちろんトランプさんがビットコイン売買収益への税金の大幅免税を公約にあげたことも大きいが、そもそもの「リスクオン」（危険を顧みない収益追求）が、なぜ起きたのか。

まず、これを語る前にゴールド、つまり金塊そのものについて説明したい。

人類史において貨幣とは希少金属だった。希少金属は人間が欲しいと感じるからな。この「感じる」という人間の認知感覚を理由にして価値を決めることを「効用価値」と言う。だが、金貨は重いよな。持ち運びや管理に難渋する。そこで人類は金貨と交換できる交換券を印刷することにした。紙幣の始まりじゃ！

古くは「藩札」といって藩主の信用で流通させた紙幣も江戸時代にあったんじゃが、流通範囲は狭かった。日本は、江戸時代はたくさんの金貨（小判）があったが、アメリカなどと交易を始めたら、金銀交換比率が日本は1対5だったが、欧米は1対15だったため、白人が大量の銀を持ち込み、日本の金貨を持ち出してしまった。

江戸幕府はこれに対策をせず、１８６０年には金貨を従来のサイズで発行できないほど金保有量が下がり、ミニマムな万延小判を発行するはめになったぞ。画像検索して見てみろ、ちっさすぎじゃ！

そんなわけで江戸幕府は資金難となり崩壊へ向かう。明治初期の日本は金貨をたくさん発行できる金を持っていなかったので、銀貨を発行した。だから、「バンク」の訳が「銀行」になったわけだな。

銀行は最初4行だったが、のちに157行に増えた。設立認可の順番じゃや。いまもある七十七銀行は77番目に設立された銀行じゃや。これらの銀行は独自に紙幣を発行したが（地域通貨）、やがて日本銀行だけが紙幣発行権を独占した。

流れが変わったのは1895年じゃや。日清戦争に勝った日本は、下関条約で戦後賠償として台湾と澎湖《ほうこ》諸島、そして大量の金塊をゲットした！　これで1897年、貨幣法を定め、1円金貨を発行した。

1円金貨には金0・75グラムが含まれ、1円札を発行して1円金貨と交換できるようにしたんじゃや。金貨を1万円分持っていたら、4万円分くらい紙幣を発行して良いことになった。みんな、重い金貨より軽い紙幣の方が決済に楽だからな。これで国富も増えた！

つまり、「人が欲しいもの」が金貨から「交換券」になった歴史的瞬間だな。

その後、第1次世界大戦では、貿易決済の金貨を積んだ輸送船がドイツ軍の潜水艦に撃沈されたら大変だから、他国の金貨と交換できる外国為替が発行されるようになったぞ。

1944年7月には、アメリカ軍がヨーロッパでナチスをぶっ飛ばし、ナチスが殺したユダヤ人や占領地から掠奪した金塊をアメリカ軍が大量にゲットし（諸説あり）、アメリカが世界最大の金保有国になり、1オンス（約28・34グラム）＝35ドルの交換比率を定めた「ブレトンウッズ体制」がスタートした！

さて、ここまで書いて、人間の欲する気持ちが、金貨↓紙幣に変化していった流れがわかると思う。

ここでビットコインが誕生する。単純な話、ビットコインに質量はないから、紙幣より持ち運びが楽だし、そもそも現在の紙幣は金貨との交換義務がなくなってしまった。だから、政府や中央銀行の金融操作で紙幣価値を変えられるようになった。

しかし、ビットコインは質量はないし、政府や中央銀行は関与していない。人類の欲しい気持ちを見事に得たわけじゃ。肝心の値上がり要件だが、先述したトランプさんによる免税もあるが、メインはそれだけではない。トランプさんは小さな女の子とのセックスを提供したエプスタイン島利用者などのロリコンや、反米的な者らを片っ端から逮捕すると公約に挙げているよな。

銀行に預金しても、証券会社口座に株を持っていても封鎖されたら終わりだし、大量に札束や金貨を持って海外逃亡できるか？　無理だよな。土地建物もそう。持ち運びできない。ところが、ビットコインならスマホかUSBフラッシュメモリ1つで全財産を持ち運びできる。

悪いことをして金儲けしていた連中は、もはやビットコインなどでしか資産の持ち運びができない!!　これがトランプ当選後の暗号資産が爆上げした理由だとワシは思う!　もちろん戦争が始まれば海外脱出するのに仮想通貨は便利だが、アメリカ本土が一番安全だよな。アメリカ本土から逃げなくてはならない金持ちがたくさんいる。

それが答えだ!

韓国の目に余る反日も、大目に見る必要があるんじゃ!

韓国と台湾がいかに日本の防衛にとって大切か、また韓国戒厳令が東アジア情勢にどう影響するか語るぞ。

まず、19世紀、日本はユーラシア大陸にある国々からの脅威に晒《さら》されていた。だが、台湾には首狩族がいるし、朝鮮は大陸の従属だった。そこで日本は金玉均《キムオッキュン》や朴泳孝《パクヨンヒョ》ら頭のいい朝鮮人を支援して、朝鮮を独立国にしようとしたが、金は処刑され、朴は日本に亡命した。

日本は朝鮮独立を懸けて日清戦争をし、朝鮮独立と台湾を獲得し、大陸からの防波堤にしようとした。しかし、朝鮮皇帝は日本を毛嫌いし反日文書をハーグに送った。そして、朝鮮独立派の伊藤博文が安重根《アンジュングン》に暗殺された。韓国の独立は不可能と判断した日本は、日韓併合した。

それから、しばらく安定していたが、日本は、やがてアメリカと戦争をすることになった。

そして、日本はアメリカに負けた。ユーラシア大陸の諸国家が暴れて太平洋に進出してくるのを日本が抑えていたのに、アメリカが日本を叩き潰したせいで、大陸が暴れ出した。仕方なく、アメリカは自国の青年たちの命を使って朝鮮戦争をして押さえ込んだ。

台湾は中国軍の攻撃を止めた。この戦いには日本国憲法下で、元日本陸軍の根本博将軍が義勇兵として参加し、国会で問題となったが、日本政府は日本国憲法下での義勇兵の海外派兵は問題ないと結論付けた。その後も台湾は日本人軍事顧問団を受け入れたんじゃな。こうして大日本帝国の思想は、台湾・韓国に引き継がれ、いまも均衡が保たれている。

日本の保守派は再軍備を主張して、東アジアの防波堤に日本も加わるべきだと言い、日本の左翼は非武装を言うが、皮肉にも日本の左翼が大日本帝国の朝鮮と台湾を防波堤とする東アジア政策を継承していたわけじゃ。

ともかく韓国には強くなってもらわないと安全保障上、困るから、ひたすら「戦後賠償」という建前で経済援助をし、「漢江《ハンガン》の奇跡」と呼ばれる高度経済成長を韓国で実現したわけじゃ。もし韓国がなければ最前線は対馬と福岡になるからな。竹島近海で日本人漁民が韓国巡視艇から射撃され殺害されたり、拉致されて刑務所に何年もぶちこまれる「おいた」があったけれども、これまで日本は大事の前の小事として大目に見てきた。

この韓国の発展に対抗してきたのが島根県のGDPと同等の北朝鮮だ。北朝鮮はせっせと38度線にトンネルを掘ってスパイを南に送り続け、工作員を何万人もつくり、ローソク持たせて、深夜まで歌わせ、韓国の保守系大統領を攻撃してきた。ついには不正選挙で一院しかない韓国国会に、北朝鮮支持議員を192名も当選させた。

これはイカン！　と尹錫悦《ユンソンニョル》大統領は考え、国の基幹である選挙干渉は緊急事態であるため、戒厳令を出して、軍を使い選挙管理委員会の選挙データを集めた、というわけだ。

確かにな、韓国の反日は目に余るが、条約に反して日本企業を訴えたり、レーダーを自衛隊機に当てたりとか、「おいた」をしても、北朝鮮と軍事的に対峙する、という韓国という国家が存在する意義を果たしていれば、大目に見ることもできたんじゃよ。

対馬と福岡が最前線になることに比べたらな。

でも、尹大統領が今回倒され、北朝鮮支持政権が仮に誕生し、在韓米軍撤退などが、万が一起こったら、そのときはもう気持ちを切り替えないとダメだ。時代は変わったということじゃ。

尹大統領の弾劾《だんがい》決議は、国会で一度は否決された。すると、2027年まで大統領任期となる可能性がある。尹は、韓国憲政史上、初めてと言っていいほど、まともなバランス感覚のある大統領じゃ。しかし、逮捕までされた。

日本は尹大統領を支援すると発表せねばならない。尹大統領の指揮下、韓国軍は自衛隊の無許可派兵を受け入れると発表している。駐留は国会同意がいるが、派兵は一時的なので問題ないという。それほどまで現在の韓国は国内の共産勢力の増長に切羽詰まっておった。

台湾と韓国は、ユーラシア大陸国家の膨張を抑える防波堤。それが維持されるのか、変わるのか。そこが重要だ！

韓国が再び反日国家になったら、見極めが肝心じゃぞ！

韓国の次期大統領か？　と言われる李在明《イジェミョン》氏の外交方針は日韓断交だという。つまり！　日本の特別永住権や、生活保護も、国民じゃないのに国民健康保険への加入もなくなるってことだ！　その仕組みを解説するぞ！

まず、生活保護法がある。これは外国人の受給を認めていないが、なぜか在日韓国人には受給が認められている。これは、条約で支給が認められているからなんじゃな。

在日韓国人の「法的地位協定」（１９６５年条約第28号）第４条じゃ。法律と条約ならば、条約が優先される。

また、特別永住権という資格も、この条約の第1条で定められている。

ほかの外国人は、永住権は一代限りなのに、特定の人種と民族だけは「世襲性」で永住権を相続できる。

では、そもそも激甘というか、いまの感覚ではかなりヤバい人種差別政策が、なぜ条約として締結されたのか？

話は1950年6月25日に遡《さかのぼ》る。

北朝鮮軍が韓国に侵攻してきた！　朝鮮戦争じゃ。ソウルは陥落、釜山《プサン》まで韓国軍は追い詰められた。そして、戦時難民が大量に小舟で日本に押し寄せてきて、各県は難民受け入れ収容施設を建てた。

しかし、米軍を主体にした国連軍が朝鮮半島に上陸し、北朝鮮を押し戻し、現在の38度線で硬直した。このとき活躍した韓国軍人は、日本の陸軍士官学校や、陸軍航空士官学校を卒業した人がたくさんいたぞ！　たとえば、白善燁《ペクソンヨプ》・韓国軍参謀総長は、満洲国陸軍軍官学校を卒業しており、後に出版された回顧録では「日本語の教育を受けたことができてよかった。日本人による公平な教育に感謝している」と書いている

（『若き将軍の朝鮮戦争』白善燁著／草思社文庫）。

ともかく、朝鮮戦争を通じて共産主義の脅威に対し、「韓国」という緩衝地帯が必要になった。韓国軍のエリートには陸士はいるし、朴正熙《パクチョンヒ》・韓国大統領は、満洲国軍少尉に任官し、大日本帝国陸軍の関東軍に配属された人だからな。

これらの大日本帝国が育てた韓国軍人は、戦争が停止されると国会議員になった。「共産主義の防波堤」として信用できたんじゃ。

あと、そもそも日本が戦争に勝っていれば朝鮮戦争なんか起きてないからな。日本からすると「負けてごめんね」的な感覚もあったと思う。だから、日本国内にいる在日に手厚い福利厚生を与えてもお釣りがきた。もし韓国がなければ最前線は福岡県だからな!!!

しかし、それから時が経ち、韓国が反共というより、韓国議会では容共・親北朝鮮の政党が過半数を占め、言動も反日が目立つようになってきた。挙句、2000年代には「親日」という犯罪が創設された。

『親日派のための弁明』（金完燮著／草思社）という本を書いた韓国人はさんざんな目に遭った。

極め付きは、かつて韓国を北朝鮮から救った白善燁・参謀総長の墓に、「親日反民族行為者」というレッテルを貼ったことだ。一時は「墓を暴け」とさえ韓国内で言われた。いまの最大政党「共に民主党」だな。

わかるか⁇　国を救った英雄を全否定するんだぞ⁇　完全に北朝鮮側の考えだよな。朝鮮戦争はあくまで「停戦」であり、終戦ではない。北朝鮮はせっせと、スパイ活動を続け、韓国の支配に成功しつつある。

なので、日本は「反共の防波堤だから」として与えていた恩恵をいつまで維持するのか考えなければならん。在韓米軍の撤退なんか、やる気があれば3日で終わると思うぞ。これからも38度線を最前線にするのか、諦めて福岡県の32度線を最前線にするのか。見極めが大切だ！

日韓関係で一方的にへりくだる必要はない！

ここんとこ、テレビはずっと韓国推しじゃろ。その原因は複合的なんじゃが、ワシのパパが韓国政府から受けた接待の話をしたいと思う。

朴正熙大統領の時代、日本のマスメディアの人にたくさん声をかけて韓国を楽しんでもらおうという国策が始まった。韓国を観光立国にして外貨を稼ぐ政策じゃ。

ワシのパパは大学卒業後、文化放送に就職した。ラジオ局じゃな。そこで「セイヤング」という番組の火曜日を担当し（月曜日がみのもんた）、DJ兼若者のお悩み相談をしていたわけだな。みのもんたさんは傾聴してじっくり共感するスタイルだったが、パパは「バカなことはやめろ！」とズバッと言うタイプだったそうじゃ。

さて、かなり人気者になったあたりで、駐日韓国大使から接触があってな、韓国に遊びにこないか、ということになった。

行ってみたら大歓迎でな！　なぜかコリアンCIAが警備につき、VIP待遇で、バカラや実弾射撃場を楽しんだ。韓国は公営賭博があるんじゃな。

で、バカラやってるとき、飲み物を運ぶウェイトレスを見て「韓国の女の子は可愛いですね。脚がスラッとしていて」と、韓国政府の係の人に言ったら、「お任せください。ホテルにお連れします。あの子が良いですか？　それとも特別な女の子がいいですか？」と言われ、20代の純朴さでよく考えて、「じゃあ、特別な女の子で！」と言った。

ホテルに帰ると、当時は戒厳令が発動されていて夜間の外出は禁止、もし歩いていたら射殺されるなか、政府の特別車両に乗った美女軍団がホテルに到着した。

「うほっ、どんな子が来るのかな」

楽しみにしていると、身長150センチもない寸胴《ずんどう》の女が部屋に来た。

「えっ……」

パパの好みは、手足が長いナイスバディなのだからな、韓国政府役人の好み判定はビデオ安売王の店員のおすすめよりも粗雑だったことにがっかりした。

「えっ、君いくつ？　未成年じゃないの？」

警戒したパパが尋ねると、

「ワタシ22歳ヨ。さ、パンツ脱ぐニダ。ワタシ、それを挟むニダ」

「ちょ、ちょっと待って。さっき係の人が特別って言ったけど、どのあたりが特別なの？」

そう質問すると女の子はたちまち全裸になり、

「ワタシ、生まれつき毛が生えない。これ韓国では特別ニダ！」

と誇らしげに腰に手を当て「バーン！」と仁王立ち。

ワシが思うに多分、ターナー症候群といってX染色体が生まれつき一つしかない女性だったんではないかと思う。この女性は身長が小さく、毛が首から下に生えにくい、妊娠しにくい（しない）などの特徴があるぞ。パパは面食らって、「あ、お酒飲み過ぎて元気ないから、背中のマッサージだけお願いしようかな……」と言った。

マッサージが終わると、「特別サービスニダ。服脱いで。洗濯する」と言い、ホテルの浴室で洗濯を始め、絞ることなくビチャっと吊るした。文句を言うと、「絞らないのが韓国式」とのこと。

女性は帰るとき、

「ワタシ日本人好き。ワタシの父、日本陸軍に志願した。日本人とても優しい。ワタシの父の兄も志願して戦死した。ワタシもいつか靖國神社行ってみたいニダ」

と言い、部屋を出た。

パパは韓国接待が楽しかったようで、親韓だった。また日本政府も韓国を反共の防波堤だと考えていたため、官民の利害一致で、韓国推しの方針となり、やがて接待された20代のマスコミ関係者が出世した年代になると、韓国推しが常道化した。

ところで政治もな、なぜ高市早苗さんが総裁に選ばれなかったかというと、やはり米民主党が「高市が靖國参拝したら韓国が反発して対中包囲網から抜けてしまうかもしれんから、絶対首相にするな」と指令を出したんじゃないかと思う。

しかし、理屈の通らないことをやっていて仲良くなれる話ではない。

そもそも韓国が靖國参拝に文句を言うようになったのは最近の話で、昔から言っていたわけではない。参拝反対こそ、日韓の分離工作によって始まった歴史を忘れてはならん。何しろ靖國には、勇敢な朝鮮人志願兵が2万人近く祀《まつ》られている。それこそ民族の誇りじゃろう。その誇りを日本の首相が讃《たた》えるのだ！　こんな素晴らしい日韓友好がほかにあるか！

ところが、年末の紅白もほぼ韓国人。こうした形では真の友好など芽生えるわけがない。ただ反感を買うだけ。韓国のテレビに日本人が出演し、相互にやるからこそ友好となる。それがわかっていない。

友好とは相互尊重であり、一方的にへりくだることではないぞ！　勘違いするな！

自分たちの罪を日本人になすりつけるのはもうヤメじゃ！

2024年9月1日は、関東大震災から101年目だった。

例によって朝鮮人大量殺人事件があったから、補助金寄こせと騒ぐのがたくさんおったけど、あらためて解説する。これはな、「日本人へイト」なんじゃ。

まずな、当時を正しく理解するためには当時の法律を理解せねばならん。李判能事件というのが1921年6月、震災の2年前に起きた。

これは、朝鮮人の李判能が東京市電の運転手に採用され働いていたらな、同僚から揶揄《からか》われたとかといった理由でブチ切れて、同僚5人となんも関係ない通行人2人を殺害し、ほか10人以上に重傷を負わせた事件じゃ。

第一審は、李判能の言動がちょっとおかしかったので、「計画的犯行ではない」ということで死刑を回避して無期懲役の判決になった。激甘だな。7人も殺しているのに。

しかし、第二審では、李判能の言動から精神疾患が犯行当時もあったのでは？となり、精神鑑定が本格的にされた。費用はもちろん日本人の税金じゃ。結果、李判能は早発性痴呆（その後、精神分裂病といい、いまは統合失調症という）であると鑑定され、その精神障害が犯行の原因を構成していたと認定され、無期懲役の判決を破棄し、懲役7年6カ月となった。

これは刑法第39条第2項に心神耗弱《しんしんこうじゃく》というのがあってな、精神疾患が犯罪の遂行に影響していた場合、罪が軽くなる法律なんじゃ。

そう、大正時代も令和のいまも「同じ刑法」なんじゃやな。

当時、「朝鮮人」という言葉は、「関西人」とか「関東人」という言葉と同じ意味だった。日本のいち地方という意味じゃ。つまり、法律はどの地方の出身者だろうと差別なく適用されていたわけじゃやな。

さて、1923年9月1日、関東大震災が起きると、大量の朝鮮人が不当に殺害されたという「言い伝え」が起きた。

しかし、朝鮮人にはいまの日本人と同じく全員戸籍があるが、被害者の氏名はいまだわからんし、そもそも朝鮮人であることを犯行動機にして大量殺人されたという判決がない。あるのは、「来襲ありと聞き及び駆けつけた」と犯行動機を述べ、正当防衛の認識で攻撃した結果、たまたま相手方が朝鮮人であり、「過剰防衛」で懲役2年になった例とかじゃ。

現代の朝鮮人のみなさんは、大正時代の日本が現在と同じ刑法を使い、朝鮮人も関西人も全員戸籍があり、いつどこで生まれ、いつどこで死んだのか記録されていることを知らないんじゃやな。だから平然と「殺人事件はあったが、それを認定した裁判はない！」とか言い出すわけじゃ。

ええか！　当時もいまも日本は法治国家じゃ！　特定の民族であることを犯行動機にした大量殺人事件が起きたならば、逮捕起訴され、判決記録が残っている！　いまだって司法試験はな、明治時代の判例から勉強するんじゃ。

明治の裁判記録が残っていて、なんで大正の記録がないんじゃ！　そんなん、もとから存在しない、つまり、なかったんじゃ！

唯一、確かに被害者が朝鮮人の殺人事件が裁判記録にあるが、記録をよく読むと、被告人の犯行動機は「相手が朝鮮人だから」ではない。「来襲されたから」、つまり襲われたからと述べている。

そんなな、たまたま被害者が朝鮮人だったから朝鮮人差別とか言い出したらな、韓国人が交通事故で日本人を轢《ひ》き殺したら日本人差別と言えるのか？　違うじゃろ。議論自体が幼稚なんじゃ。

そもそも朝鮮人が攻撃理由なら、なんで朝鮮人の赤ちゃんや妊婦を攻撃した記録がない？　ヘイトクライムとはそういうものだろ（あの戦争のあと、朝鮮半島だけには残留孤児が全くいないようにな！）。

仮にな、「朝鮮人が実際に日本人を震災の混乱時に攻撃した事実」が存在しなくても、勘違いして「攻撃されたから防衛しなくては」と思ったら、それは「誤想防衛」という。日本の刑法はな、「行為無価値」と言い、故意に責任があると見なすんじゃ。

つまり、朝鮮人であることを殺害理由にしていない限り、それはヘイトクライムではない。震災の混乱の最中、いつ襲撃や放火されるかわからない恐怖を原因にして、自分と家族を守ろうとした場合、罪に問えるのか！　問えるわけがない！　それはいまも同じじゃ。本当の差別はな、終戦後の朝鮮半島で妊婦も赤ちゃんも、ただ日本人だというだけで皆殺しにされたことを言う。

自分らがやったから、相手もやったと言っとるだけだろ！　差別をやめろ！　もう絶対に騙されてはならんぞ！

自衛隊の手足を縛る法律を即刻改めろ！

中国人民解放軍の情報収集機が領空侵犯をし、自衛隊機が緊急発進をしたという防衛省発表について物申す！

自衛隊機スクランブルは2021年で1004回、2022年で778回ある。ほぼ相手は中国人民解放軍かロシア軍じゃ。こんなに侵入されているのには理由がある。「自衛隊は撃ってこない」と舐められる事実があるからだ！

それはな、自衛隊法第84条では侵入機に対する「措置」が定められているが、この措置が発動する条件は、世界基準だと「侵入した事実」なんじゃが、世界で日本だけが「正当防衛が成立するとき」と決めている（衆議院安保位委　1999年3月3日／防衛庁　野呂田芳正長官答弁）。

つまり、「殺されそうになるか、実際に自衛官が1人以上殺される」という事実がないと、対処できないんじゃ。しかもな、威嚇射撃は国際的には信号と同じ意味なんじゃが、日本だけはなんかほかの国とは違ってな、威嚇射撃を信号ではない、と考えていてな。1987年12月9日に沖縄本島上空（民間人が住んでいる場所の上空）にまで侵入したソ連軍機に、自衛隊機がやっと威嚇射撃をしたという始末じゃ。まあ、爆弾積んでいて国民が殺されてもOKというのが残念ながら防衛方針なんじゃ。

しかも、正当防衛のみ認めるということは侵入機が爆弾を落として民間人の大量殺害に成功し、それを追いかけて撃墜したら、自衛官に殺人罪が適用される、ということじゃ。正当防衛は急迫不正の侵害が要件だから、「殺されそうになったとき」のみ認められ、「すでに殺し終えて逃亡するとき」には認められないからな。

頭おかしいだろ。これが自衛隊法第84条じゃ。なぜ改正しないのか？　それは国民が選んだ政治家が改正しないからじゃ。いいのか？　家族が殺されても。

侵入機はな、宇宙からは見ることができない地形の詳細な情報を集めるために侵入している。なぜか？　次に攻撃するためだろうが！　だから、アメリカもイギリスも、侵入と警告無視を撃墜の理由としている。

日本だけが、「実際に殺されるまで何もしません。誰か犠牲になってね！」とか人命を軽視したふざけた法律をつくっている。

しかもな、防空識別圏（ＡＤＩＺ）があって、その先に領空がある。普通、この識別圏に無許可で入るだけでもおかしいのに、中国人民解放軍の場合は自衛隊機が来たにもかかわらず、「どうせ自衛隊は撃ってこねえよ（笑）」となり、領空まで侵入してきている。長年何もしないことが、さらなる侵犯の呼び水となった。

いじめも同じだよな。最初はなんか消しゴムのクズとか投げてきて、何もしないと次は足を引っ掛けてきたりして、次は小突き、無抵抗な奴だとわかると最終的にはリンチをしてくる。まさにいまの自衛隊の状況と同じじゃ。

このままでいいのか？　いいわけないだろう！　自衛隊法を改正し、撃墜措置の要件を領空侵入にせよ！　戦争をそんなにしたいのか！　沈黙や無抵抗が戦争への最短距離じゃぞ！

習近平国賓招聘、ふざけんかい！

深圳《しんせん》で日本人男児が中国人男性に殺害された。死亡の様子は、どうも「返し」があるナイフで滅多刺しにされ、腸《はらわた》が引きずり出されたようじゃ。本当に痛ましい限りじゃ。まるで通州事件と同じじゃな。

戦前の日本人が中国の人々から何をされたのか、南京事件、済南事件、通州事件など「日本人の内臓をひき出して殺して遊ぶ」というテーマに沿って解説したい。

まずな、「清朝」のとき、義和団という宗教団体が流行ってな、信者がアチョー！と拳法を使う武装蜂起が発生した。

清の皇帝は、日本やイギリス、アメリカに救援を要請、軍隊を派遣して皇帝を守ってくれとお願いしてきた。そこで先進各国は、清国と軍隊駐留の条約を締結し、軍隊を置いていたわけじゃ。

さて、それから清国から中華民国になるが、条約はもちろん継承した。まあ、中華民国といっても日本の戦国大名みたいな軍閥が各地を統治していた政情でな、この軍閥を討伐して国をまとめる動きが起きた。北伐という。その過程で、中国はアメリカやイギリス、日本に攻撃をして、今回みたいに子どもを殺して内臓を引き出したり、女性を片っ端からレイプしたんじゃな。

これに対して、アメリカやイギリスは軍艦の砲撃で無関係の一般市民を大量殺害した。そしたら、以後、アメリカやイギリスの民間人は攻撃されなくなった。

ところが大日本帝国は「遺憾」とか口だけでな、それで中国はつけ上がってしまった。結果、

「おっ、日本人を殺して遊んでも許されるぞ!」

ということになった。

すると、日本領事館に侵入して、日本の外交官の妻や娘を輪姦してお楽しみプレイをしてな、日本人女性の性器内に瓶や電球を入れて足で踏みつけて割って遊んだり、

女子高生の眼球をくり抜いて、そこに男性器を入れて脳に射精する遊びが流行した。それでも日本政府は「あ、レイプされても大丈夫っす！　レイプ、平和、大好き！」と言い続けた。最初はただの猟奇殺人だったが、日本政府が容認したため次第にエスカレートした。いじめと一緒じゃな。

そして最大規模の日本人へのヘイトクライムが通州事件じゃ。日本人サラリーマンや、その家族を縛り上げ、子どもの首を切り落とし、お母さんの性器内に無理矢理入れてみたり、喫茶店のウェイトレスさんを縛り上げ、顔に硫酸をかけて溶かして、乳房をナイフで切り取って本人に食べさせたり、針金で生後半年の赤ちゃんたちの目と耳をくり貫いて電柱から吊るし、「ぎゃー！」と泣き叫ぶ様子を見て、めちゃくちゃ幸せな気持ちになったわけじゃ。

これらの様子はたまたま新聞記者がいて、ゴミ箱に隠れて生還したため、日本で新聞報道された。結果、世論は「中国をぶちのめせ」と沸騰したわけじゃ。

何が言いたいかわかるよな。最初の暴力を容認すると、暴力はエスカレートする。アメリカやイギリスは民間人を2000人くらいぶっ殺すという人道的配慮をして暴力の連鎖を止めたが、日本はそれをしなかった。

いま日本の外務大臣は、「えー、えー」とか無意味な発言ばかりで、大したこと言ってないが、テロと戦争をつくり出す歴史を知らんわけだ。いや、もしかしたら戦争をしたいのかもな？

先の深圳での児童虐殺犯に死刑判決が下るも、動機は公表されない。それなのに日本政府は習近平国賓招聘《しょうへい》とかぬかしておる。なぜ歴史に学ばないんじゃ‼ またやられるぞ！

だから、ワシがみんなに言いたいことは、平和は「報復」によってつくられたという歴史を改めて知ってほしい、ということなんじゃ。いまのままでは確実に「歴史の繰り返し」になるぞ。

それを止めるのがワシらの世論じゃ！ 暴力には暴力でしか対抗できないぞ！ 口先だけのフカシ政権が戦争をつくる！ ふざけるなよ！

高市早苗さん、日本を早く「普通の国」にしてくれ！

ロシア軍機が領空侵犯をした。これに自衛隊機がスクランブル発進してフレアという装置を使ったところ、マスコミはフレアを火炎弾とか言い、またはフレアの使用目的を警告のみとか決めつけ、強烈な軍事音痴のオンパレードを見せつけた。

そこでワシが正しい知識を提供する！

まずな、「フレア」とは、敵ミサイルをかわすための装置じゃ。ミサイルは熱源を探知して追ってくる。ジェットエンジンの熱じゃな。

だから、マグネシウムを高温で燃やしてエンジン熱より高温の物体を複数、空に撒いてな、敵ミサイルがそちらを目標にすることで逃げる装置じゃ。わかるな？　これを使用するときは「撃たれた直後か、撃たれる寸前」という状況じゃ。

しかし、フレアが警告として使用される例もある。それは、相手機がただ飛んでいるだけで、一切攻撃に着手していない場合じゃ。

今回、領空侵犯してきた機体はIl-38という。哨戒機だ。ここで知ったかぶり軍事音痴がまた炸裂する。

「哨戒機だから攻撃はできない！」

バカタレ！　それは100年前の第1次世界大戦の技術水準の話じゃ！　Il-38哨戒機には、魚雷も爆弾も対艦ミサイルも、もちろん対空ミサイルも装備できる。R-

73M2対空ミサイルといい、30キロ先まで追って撃墜できるミサイルじゃ。

領空侵犯をしたロシア軍機の機体下部を大きく開いていた様子が撮影され公開されている。改造すれば、この部分に対艦ミサイルから対空ミサイルまでなんでも積めるわけじゃ。というかな、敵飛行機の窓が一部開いているだけでも、それは「攻撃の着手」なんじゃ。なぜならば窓が開いていたなら、そこから対空ミサイルを撃てるからな‼

現代ではな、というか50年くらい前からな、対空ミサイルは人が手に持って撃てるくらいに軽量化されておるんじゃ。それで射程は5000メートルから1万メートルあり、なんでも落とせる。

ロシアには「9K34ストレラ3」という携帯対空ミサイルが配備され、自衛隊にも91式携帯地対空誘導弾というのがある。1人で手に持って撃つとマッハ1・9でミサイルが飛び、敵を撃ち落とすぞ。

さて、ここまで書いてわかったよな。
①フレアの使用が自衛か警告かは、相手機が攻撃に着手していたか、いなかったによる。領空侵犯だけなら警告だが、攻撃着手したならフレアは警告ではなく自衛だ。

②哨戒機だから攻撃できないということはない。ちょっと改造すれば対空ミサイルも対艦ミサイルも積める。窓を開ける、爆弾倉を開ける、レーザー照準をするなどの行為でも対空ミサイルを撃つことができる。

つまり、ある行為を評価するときには法律の適用があるが、今回、自衛隊機がフレアを撒いた行為は、相手機が攻撃着手をしていたため、「警告」（自衛隊法第84条措置、ただしスクランブル自体は同条措置）が適用される理由がなく、「防衛」（刑法第36条正当防衛ないし国連憲章第51条自衛権行使）となる。「ミサイルが着弾するまで攻撃ではありません！」という話にはならない。

先述したように、何らかの装置を動かしたならば、それらは攻撃の着手となるから、これに対抗するいかなる行為も自衛であり、警告にはならない。

情けない話じゃよな。自衛隊はワシら一般人と同じく、正当防衛でしか発砲できない。もし、敵機が爆弾で民間人を大量殺害したあとに、去るところを自衛隊が撃墜したら、殺人罪になってしまう。刑法の正当防衛は逃亡する者には適用されないからな。もうな、憲法がめちゃくちゃだから法律で対応できないんじゃ。早く高市早苗さんが憲法と自衛隊法を改正して「普通の国」にしてくれたらなと思う！

いま日本が世界から拉致国家認定されているぞ!! 国辱じゃ！

北朝鮮による拉致被害者は17人だが、日本政府による拉致被害者は500人だと米下院議員らが主張している。日本人が米国内からアメリカ人児童を拉致し、日本政府が「我が国では合法なので引き渡しには応じない」としている事件がある。

どういうことじゃろ？ と思うよな。こういうことじゃ。

2024年9月10日、共和党のクリス・スミス米下院議長が岸田総理宛に外交文書で「日本が拉致して拘束中のアメリカ人児童を返してほしい」と要請したが、岸田総理が無視。もちろん英語圏では大ニュース。日本語の報道はなし。日本政府の拉致を支持する意思が公式に擬制された事実が明らかになった。

アメリカ人児童の拉致とは、こういうことじゃ。アメリカ国内では、誰が子どもを拉致しても犯罪が成立するが、日本では犯人の属性（母親等）によっては犯罪が成立しないという法解釈の違いがある。あ、母親が拉致しても犯罪は成立しないが、父親が自分の子どもを拉致すると犯罪が成立するなど性別による違いが日本ではあるぞ（2005年12月6日／最決）。

これはな、日本で一切報道されていないから英語を読み書きできない日本人は知らんが、大問題なんじゃ。

北朝鮮はまだ口先だけで拉致を謝罪したが、日本政府は現在進行形で拉致を「正しい」と主張し、ハーグ条約（2014年条約第2号）を無視しているから、かなり国際的にヤバい。

この条約にはな、「『子を肉体的、精神的危害にさらす』または『子を耐え難い状況に置く』重大な危険がある」（第13条b号）場合は返還拒否ができるんじゃが、国際的には「レイプ」とか「暴力」なのに、日本だけ「子の生活環境を変えるのは重大な危険がある」とかワケのわからない妄想的解釈をしてな、事実上、条約に違反しまくっておるんじゃ。

すでに欧州議会も日本政府は北朝鮮より悪質な拉致国家だとして共同非難決議を出しており、FBIから日本人拉致実行犯がICPO（インターポール）を通じて国際指名手配されているが、日本政府は子どもの拉致を全力で擁護したため、深刻な国際問題となっている。

ワシがこの問題を懸念するのは、拉致被害者が可哀想だというのもあるが、日米安保の不履行の大義名分になってしまうし、そもそも北朝鮮による拉致被害者を救出する国際圧力が消滅する可能性があるからなんじゃな。

そこで、なぜ日本政府が拉致に加担し、国際社会と対立しているのか、その原因を説明したい。それはな、刑法概念の違いなんじゃ。

日本は「行為無価値」という刑法概念じゃが、アメリカやカナダ、イギリスは「結果無価値」という刑法概念で、日本だと死刑になる犯罪がアメリカだと無罪になるし、アメリカだと死刑になる犯罪が日本だと無罪になる法体系の違いがあるんじゃ。

たとえばな、犬と散歩しとるおじさんがいるとするじゃろ。この犬を殺してやろうと思い、拳《こぶし》サイズの石を投げたら、おじさんの顔面に当たって、おじさんが死んだとする。

このケースだと、日本で殺人罪は無罪、アメリカだと有罪じゃ。なぜなら、日本は「故意責任」と言い、犯行動機を処罰する。犬殺しが動機なら器物損壊の故意。でも器物損壊に未遂罪はない、という話。一方、アメリカの場合は「石を投げた結果、おじさんが死んだ」という因果関係があれば処罰できる。

さて、自宅から子どもがいなくなった。北朝鮮の兵士が拉致した場合と、子どもの母親が連れ去った場合、「動機」は違うよな。

でも、「結果」（子どもが家からいなくなった）は同じだよな。こうして、「北朝鮮と同じ」という刑事的評価が下されたわけじゃ。これ、親権（民事）の問題ではないぞ。拉致（刑事）の問題じゃ。

もちろん日本側は「動機が北朝鮮とは違う」の一点張りだが、そんなのはアメリカに通用しない。犯罪の成立は結果が全てだから。

日本の「動機を裁く」という刑法思想は、統合失調症患者がめちゃくちゃ殺しまくっても「病気だから犯罪の故意はない。無罪！」と判決の理由にもなっているぞ。アメリカでは誰が殺そうと人が殺された結果は同じと見なす。

米国ドラマ「プリズン・ブレイク」にヘイワイヤーという精神障害者の殺人犯が出てきて、みんなと一緒に受刑しとるよな（公判を認識できないレベルの精神疾患だと回復して認識できるまで治療を強制的に受けさせられることになるんじゃが）。

日本も江戸時代まではアメリカと同じ「結果無価値」という刑法思想で、たとえば森鷗外の「高瀬舟」という短編小説では、弟を殺す動機がないのに、弟の自殺現場に居合わせ、凶器を手に持っていた兄が島流しにされる描写がある。基本的に「結果無価値」はバカや精神障害者に厳しいし、「行為無価値」はバカや精神障害者に優しい刑法思想なんじゃな。「わからなかった、知らなかった」で通用する場合が多い（麻薬持込は合法である確信がない限り、知らなかったでは済まないが）。

でな、じゃあ日本にいるアメリカ人児童に日米どちらの刑法を適用すべきかという話なんじゃが、そもそも、日本でも母親が子どもを連れ去るのは駄目だとワシは思うんじゃ。同じことをしても身分（母親）で刑法が適用されるか否か変わるのは後進国だと思う。ワシは、あらゆる拉致を処罰してこそ公正な国家であると考える。

日米同盟とアジア版NATOは両立せん！

石破さんが米シンクタンク「ハドソン研究所」に「日本の外交政策の将来」と題した論文を公表した。要するに「アジア版NATOで核共有」と主張しているわけじゃが、そもそも核共有とかNATOとか、よくわからんという人もいると思う！

まずな、国を守るには自分たちだけではフルボッコされる可能性があるため、徒党を組む必要がある。そのルールを「集団的自衛権」という。

たとえばな、友達がいじめられていたら、加勢して友達をいじめていた奴をぶん殴るとするだろ。これを集団的自衛権という。でも、「友達がいじめられたら必ずぶん殴る」と約束している場合もあるし、「気分が乗ったらぶん殴る」という場合もあるし、あるいは「ぶん殴ることはしないが、友達に木刀を貸してやる」という場合もある。

①必ずぶん殴るという約束

これがNATO、つまり北大西洋条約機構じゃ。条約加盟国が攻撃されたら自動で戦争に参加する。日本も昔、日英同盟(1902年)で自動的に第1次世界大戦に参加し、地中海に日本海軍を派遣したり、タイと日泰同盟(1941年)を締結した。

②気分が乗ったらぶん殴る

これがいまの日米安全保障条約じゃ。アメリカは日本が攻撃されたら、その相手を潰すことができる。が!　これは義務ではない。そして、アメリカが攻撃されても日本は加勢しなくていい「片務性」がある。

③友達に木刀とか貸してやる

これは日独伊三国間条約（1940年）とか、日露協約（第2次1910年）じゃな。戦争に参加する義務はお互いなく、技術とかお金とかを相互援助する約束で、派兵はない。日本はナチスに93式酸素魚雷の技術を提供し、ナチスは日本にロケットエンジンやジェットエンジン技術を提供した。潜水艦で横浜港とロリアン港を往復したりな。

①は法的に間違いなく「同盟」なんじゃが、②は微妙。③は同盟という法的概念とは無関係なんじゃが、マスコミや政治家が「同盟」と呼ぶうちに、その呼称が定着してしまうことがある。

読売ジャイアンツを巨人軍と呼ぶが、ワシが好きな浅野翔吾選手は身長171センチだし、そもそも170センチない選手もいたよな。でも巨人軍というよな。まあ、そういうことで、呼び方と現実は違うことがある。

ヨーロッパ諸国はNATOというガチの同盟に参加し、ドイツもイタリアも核兵器は保有していないが、ほかの核保有国の核爆弾の起爆スイッチを共有していてな、もし核攻撃されたら報復できる権限がある。核共有は核保有と違うから、核不拡散条約にも違反していないぞ。

さて、石破さんが言うアジア版NATOと核共有というのは、これを真似したいようじゃが、そもそもアジア諸国で日本と価値観（法の支配、民主主義、人権の尊重）を共有する国で核保有国はないし、そうするとアメリカと日米安保を改正して「核報復義務」を定めるものかな？　とも思うが、石破さんの論考を読んでも、そんなに詳しく書いてなく、むしろ、フワッとしておった。

「米国、日本、韓国で（中略）日米二国間同盟は実質的に三国同盟に近づきつつある」とか、ちょっと意味不明なことが書いてあったので、本人が詳細を説明するまで具体的な構想はわからん。

もちろん、日本がアメリカと核共有をすることは必要じゃ。NATO加盟国はそれが当たり前だし、日本だけダメだというのは、ただのレイシズムだからな。

現実として、中朝露は核戦力を増強し、中国人民解放軍による大陸間弾道ミサイルの発射演習もあった。日本はアメリカの核がなければ生きていけない。同時多発的に大量の核ミサイルを撃たれたら、13分以内に7500万人（推定）の日本人が殺害され、もう終わりじゃ。

それを防いでいるのが日米安保条約だが、現状は「日本のためにアメリカは核戦争をしてくれるかな？　してくれたらいいな」というフワッとした状態だ。これを「核攻撃されたら報復する」または「日本が核爆弾のスイッチをアメリカと共有する」とキチッと決めなければならん。

ただ、日米安保とアジア版NATOが、果たして両立するのかは疑問だ。かつて日英同盟（1902年）を消滅させたのは4カ国条約（1921年）であり、日本が敗北の道をたどる最初の出発地点であった歴史を忘れてはならん。

以上がワシの考えじゃ！

シリア情勢は決して他人事じゃない！

シリア情勢について語るぞ！

日本人はオウム真理教って知ってるよな。政治的かつ宗教的主張を説話とかじゃなく、化学兵器のサリンを撒いて日本を混乱に陥れようとしたよな。シリアは、そういうスタンスの人々がたくさんいるところと考えて差し支えない！　なので宗教戦争という視点を踏まえて見る必要がある。

話は第1次世界大戦にさかのぼるぞ。シリアがある地域は、かつてオスマン帝国が支配していたが、イギリスやフランスが周辺の部族長に働きかけ、オスマン帝国に反旗を翻《ひるがえ》した。で、戦争が終わると、国際連盟が設立され、イラクはイギリス国連委任統治領メソポタミア、現在のイスラエルあたりはイギリス国連委任統治領パレスチナ、そして、フランス国連委任統治領シリア・レバノンとなった。

大日本帝国も、パラオ諸島が日本の国連委任統治領になったぞ。委任統治領というのは実質的に領土だな。

イギリスはヨルダンとイラクに王様を立て、一応、現地人を宥《なだ》め、シリアには、現地の酋長、ハシミテ家のファイサル1世がシリア王国の独立を宣言したんじゃが、フランス軍が近代兵器を使い、4時間くらいで崩壊させた。マイサルン戦争という。

さて、それから20年経つと、ヨーロッパにナチスドイツが台頭し、フランスと戦争を始めた。結果はナチスドイツの大勝利！　ヒトラーはフランス首都パリを占領した。

すると、フランスにはヴィシー政権という親ドイツ的な政権ができた。

ラッキー！　フランスが親独政権になったなら、東南アジアにあるフランスの支配地域の資源を日本に輸入できる。ということで、大日本帝国は「フランス植民地のインドシナちょうだい！」となり、仏印進駐をした。フランスの仏印は本国からとても遠い場所にあったが、イギリスにしてみたら、ドイツが進出してきたフランス委任統治領シリア・レバノンはイギリスの委任統治領パレスチナのすぐ隣りだからな。危ないということで速攻で英豪軍を派遣し、シリアとレバノンを侵略して占領した。

まあ、日本の教科書的には「日本が仏印進駐して侵略したからアメリカと対立した」とかバカなことが書いてあるが、イギリスやオーストラリアも同じことをしていたわけだな。

ただ、ナチスドイツも何もしていなかったわけではなく、パレスチナ評議会のトップとヒトラーは会談し、イスラム教徒兵20万人をナチス親衛隊に兵力として供給を受ける約束をし、実際にイスラム教徒武装親衛隊師団を設立している。代わりにナチスの最新鋭の武器を供給したりな。

２０１２年にはシリアの地下から、ナチスドイツの突撃銃「ＳｔＧ44」が５０００

挺発掘され、アサド政権との戦いに投入された。また、イスラエルのネタニヤフ首相に拠れば、このときパレスチナ評議会議長がヒトラーと交渉し、欧州ユダヤ人のパレスチナ追放計画から絶滅収容所送りに変更させたと言われる。

さて、第2次世界大戦が終わるとシリアは独立したが、今度は中東戦争が始まった。どのようにドイツから中東に輸送したのかしらんが、ここでも中東側にナチスドイツの軽駆逐戦車「ヘッツァー」が供給され、実戦投入されたぞ。

ここまでが歴史の話だ。

今回のアサド政権は、空軍将校だったアサド（父）が革命でシリアの政権を獲得し、眼科医だった息子に政権を譲り、アサド（子）のシリア政権となった。アサド家は、イスラム教シーア派という派閥の信仰がある（シーア派の下位区分にアラウィー派がある）。しかし、周辺はイスラム教スンニ派。なので、必然的に宗教対立が起きる。アサド政権は、同じくシーア派のイランの支援を受け、さらにはロシアの支援を受けた。

2012年からアレッポという都市で大規模な戦闘が続き、当時、ユーチューブは死体映像に規制がなかったから、反政府軍のスンニ派が、アサド政権支持の幼稚園を襲撃し、園児たちを並べて座らせ、母親たちが見守るなか、ナイフで次々と5歳くらいの男児を斬首し、母親たちに見せたあと、カラシニコフで射殺して大喜びする映像が配信されていたぞ。その報復にアサド政権がサリンを撒いたとか撒かなかったとか。つまり、アサド政権のバックにはイランとロシアがいて、反政府軍のバックにはアメリカがいた時期もあれば、いなかった時期もあり、宗教戦争に大国が介入していたわけだ。

アサド政権が倒れたのは、ロシアがウクライナの戦闘で疲弊して支援するゆとりを失ったからじゃ。人類はいまも代理戦争をしとるということ。

日本への影響だが、中露北朝鮮は枢軸じゃ。アサド政権が倒されたことは基本的には良いこととして見ることができる。あとはガザ地区のハマスな。これも北朝鮮支援。背後にロシアと中国がおる。

日本にもその影響が来るのは間もなくだろう！　イスラエル軍が頑張って戦い、ウクライナ軍が頑張って戦い、日本の敵の余力を削っているぞ！

日本人よ、世界を見よ！

4章

日本が日本であり続けるために

同性婚を認めたら日本が壊れる４つの理由を話すぞ！

東京高裁が「同性婚希望者が異性婚同様の公証を受ける制度がほかにないのは違憲」と判決の一部に書いたのをマスコミが騒いだ。

諸外国で同性婚を認めた国はまず「スパイ防止法」が必ずあるから、婚姻実態が外部から分かりにくい同性婚をしても国が壊れない。しかし、日本でやったらすぐに国が壊れるぞ！

まずな、諸外国で同性婚を法制化しなければならなかった理由は、「同性愛者を法律で処罰して刑務所にぶち込んでいた」ことと「毎年数百人から数千人の同性愛者が襲撃され、ぶち殺される」という事情があり、「同性愛者の人権」をこれ以上侵害しないため、法制化されたんじゃ。

イギリスもアメリカも35年前まで同性愛というだけで犯罪者だった。「ＤＳＭ３」というアメリカ精神医学会が出した精神疾患診断基準書には、同性愛は精神障害だから治療対象になると定めていたが、治療拒否をした場合に、犯罪者とされた。だから、同性愛の人権と、今後迫害されないという利益が考慮され、同性婚が法制化された。法律によって迫害された歴史があるからこそ、法律によって保護しなければならない理由があるのが欧米なんじゃ。

一方で、日本は同性愛を処罰した法令などないし、襲撃もない。日本は同性婚の事実婚を誰も禁止してない。好きにやればいい。日本は同性愛ポルノも禁止していない。なんなら同性愛ポルノは1650年代から陰間《かげま》浮世絵の出版が認められていた。同時代のイギリスや建国前のアメリカなら火炙《あぶ》りじゃ！

「日本にはなんでユダヤ人差別禁止法がないんだ！　日本はユダヤ人差別国家だ！」とかドイツ人に言われたらどう思う？　お前帰れよ、としか言えんじゃろ。

「日本にはなんで黒人差別禁止法がないんだ！　日本は黒人差別国家だ！」とかアメリカ人に言われたらどう思う？　お前なめるのも大概にせえよ、としか言えんじゃろ。

しかもな、この状況で同性婚を法制化するのはな、「差別」なんじゃ。というのも、日本は近親婚や、養子縁組離縁後の結婚など、結婚禁止規定が5種類ある！

特に近親婚禁止はたびたび問題になってな、叔父と姪など、実は浮気で生まれたため生物学的に血縁はない2人が愛し合うのも、戸籍上、親戚なら結婚禁止じゃし、遺族年金給付もいままでされなかった。愛し合う2人だというにな。

端的に言おう。なぜ近親婚がダメなのに、同性婚はいいんじゃ？　どちらもまともな子が生まれないだろうが！　優生学か？　ナチスか？　愛し合う2人が結婚できないんじゃぞ！

ワシはな、「同性婚だけには特権を与えろ」という「差別主義者」が大嫌いじゃ。婚姻は赤の他人の男女がする。それが一番平等なんじゃ！　公平なんじゃ！

そして、次の論点がある。

同性婚を法制化した国には必ずスパイ防止法がある。もし、スパイ防止法がないのに同性婚を法制化したら、国が終わるぞ。同性婚は、異性婚とは違い外部から婚姻実態の把握が難しい。

つまり、くっついたり、離れたりが迅速であり、容易に配偶者ビザが取れてしまう。だから、同性婚を認めた国は100％必ずスパイ防止法があり、スパイの暗躍を許していない。

あのなあ！　何が諸外国では同性婚は認められている、だ。裁判官、頭おかしいいんじゃないのか？

多数の諸外国でやってるなら日本でもやろうという理屈なら、同性愛をいまだ処罰している外国の方が多数だろうが！　国連人権委員会の理事国なんてアラブ首長国連邦が就任しとるが、この国は同性愛というだけで大量に死刑にしてしまう一方で「人権を守りましょう」とかやってるからな。２０１９年の時点で！

「外国でやってるから」という理屈は、法律家として一番言っちゃいけないセリフだろが。

そもそも単独親権という日本と北朝鮮とあと少ししか地球上にない制度は合憲とかいう一方で、何が同性婚を認めないのは違憲じゃ。

外国でやってるならというなら集団的自衛権も核武装も外国でやってるだろうが！　都合のいいこと言ってんじゃねえぞ！

以上から、同性婚の論点を４つにまとめるぞ。

①同性婚の法制化は、同性愛を処罰した歴史からできた。法律で迫害されたから法律で保護する必要があった。日本にはその歴史がない。

②同性婚のほか、近親婚禁止など結婚禁止類型が5種類ある。なぜ同性婚だけ特権化

する？　それは差別主義者の考えだ。

③諸外国では同性婚を法律で認める国よりも、同性婚（同性愛）を法律で処罰する国が圧倒的に多数だ。

④同性婚を認めた国には必ずスパイ防止法がある。スパイ防止法がないまま同性婚を法制化したら国が滅びる。

フランス軍の報告書を読むと日本はもはや戦争状態じゃ！

ＮＨＫ国際放送で「尖閣諸島は中国の領土」だという放送がされる事件があった！

実は、中国共産党は「人民日報」で「沖縄は日清戦争後の下関条約で中国から奪われ、沖縄は歴史的に中国領土であり、沖縄の帰属先はまだ決着していない」と主張している。

そもそも侵略戦争は「うおお！　侵略するぞ！」という形式でされるのではなく、侵略予定地に工作員を送り込み、

「早く侵略戦争をしてください♡」

と国際社会にアピールさせることから始まる。

19世紀からこのやり方はあったが、これを国家単位で最初にしたのがオランダじゃった。1945年、インドネシア共和国初代大統領のスカルノは「神武天皇御即位2605年目にインドネシア独立」と宣言をした。すると、オランダはインドネシアの再植民地化とインドネシア人の奴隷化を目的に軍隊を派遣してきた。インドネシア独立戦争の始まりじゃ。

日本軍からは約2000人の義勇兵が参加し、三八式歩兵銃や零戦が無償供与され、オランダ軍と戦った。

このとき、実はオランダは、スカルノが支配していないほかの地域に工作員を送り込み、8つの独立宣言をさせていた。そして、インドネシア共和国とあわせて9つの独立国と自治州にオランダをあわせて、「リンガジャティ協定」というものを要求し、インドネシア連邦を書類上つくった。そして、ほかの8つの独立国（名目上）に「スカルノのインドネシア共和国から侵略されているから助けて！」と言わせた。

こうして軍隊を派遣する大義名分を得て、インドネシア人を80万人以上殺害した。この手法は、2022年にロシアのプーチンも採用した。

ウクライナ東部に、「ドネツク人民共和国」と「ルガンスク人民共和国」が独立したと言い、独立承認をロシアは一方的に行った。そして、この2カ国でノヴォロシア人民共和国連邦が成立したとして、ロシア系住民らに「ウクライナから侵略されているから助けて！」と言わせ、これに応える形でロシア軍を派遣した。

これが侵略国家のやり方だ。

仮に、外国人参政権を地方自治体にだけ認めてみたらどうなるか、少し考えてみよう。一気に押し寄せて、議会または市長が外国人の代理人となる。そして、「自衛隊に侵略されているから助けて！」と国際社会に訴える。

もちろん、自衛隊員の制服を着た人が当該外国人女性をレイプしたり、子どもを銃剣で突き刺して笑っている映像などを制作する。本国から軍隊が派遣され、日本に住む人々を片っ端から殺していく。国連の常任理事国だから、

「これは戦争ではなく特別軍事作戦だから武力行使には当たらない」

などと発表する。大量殺人の様子が撮影され、ネットに上がっても、「フェイクニュースだ。人種差別主義者が制作した」と正式発表する。

まあ、こんな未来になるわけだ。

現実として、フランス軍の軍事学校戦略研究所（国防省傘下）は2021年に中国の軍事戦略について報告書を発表し、

「中国が潜在的な敵の弱体化を狙い、沖縄で独立派運動を煽っている」

と指摘した。

中国人民解放軍による沖縄への工作員派遣は、日本の自衛隊や在日米軍を妨害する目的があると指摘し、憲法9条改正への反対運動、米軍基地への抗議運動を支援し、また、沖縄県民は米軍基地への反発も強いため、中国人民解放軍にとって利用しやすい環境にあるとさえ指摘し、玉城デニー知事の名前もこの報告書に記載された。もう戦争は始まっているんじゃないかと思わせる内容じゃった。

多くの人は、侵略戦争は銃弾によって始まると思っているかもしれんが、実は違う。侵略戦争は、メディアから始まる。虚偽情報を流して洗脳から始まる。

その作戦に従事してる人は、いわば軍人じゃな。それがすでに日本のメディアに派兵されているわけじゃや。

現代の軍人は、必ずしも軍服を着ているわけではない！　情報戦略も立派な軍事作戦だ！　気をつけろ！　戦争は見えないところから始まっている！

外国人スパイが投票しやすい選挙制度を早急に正せ！

2013年、香川県高松市の選挙管理委員会が組織的に特定の政党への票を集計せず、不正操作した罪で起訴される事件があった。

2017年、滋賀県甲賀《こうか》市では、やはり選挙管理委員会が組織的に票を盗み出し焼却した罪で起訴された。これら不正選挙は氷山の一角であり、スパイは地元にいる！

そして2024年の総選挙でも、神奈川県綾瀬市で外国人が日本人だと偽り、「宣誓書」を出して投票する事件が発覚した。また、1人が2回投票する事件も別の場所で起きた。

日本の選挙では、投票時に身分証の確認が必要ない。だから、他人の住所氏名と生年月日がわかれば、外国の軍隊が組織的に投票することも制度上可能になっている。

恐ろしいことじゃ！

また、老人ホームや障害者施設に外国の軍隊の軍人たちがたくさん来て、意志を持たない人々の投票権を「代筆」していたことも過去起きている。投票犯罪は日本の国のあり方を変えてしまう凶悪犯罪だが、いまだ何ら厳罰化の法改正はされていない。

未投票の白紙投票用紙は毎回、たくさん余っているわけじゃから、スパイがいれば、そこに書き込んで集計箱に放り込むことさえできる。

ソ連共産党のスターリンの秘書をしていた、ボリス・バジャーノフの回想録には、「人々が誰に投票するかはあまり重要でない。しかし誰が開票するかは極めて重要だ」と書かれている。

敵は選挙という「誰が権力者か」を決める行為の重要性をよく理解している。

アメリカでも2024年10月、ペンシルベニア州ランカスター郡の検察当局が、今回の大統領選挙有権者登録で不正な申請が約2500件あった疑いがあり、捜査を始めたと発表した。選挙犯罪は国を壊す。

ワシが大学生のとき、2009年に衆議院選挙があり、2010年に参議院選挙があった。九州大学近くのカフェで友達とお茶をしていたら、小汚いおばさんが、「あなたたち図書券あげるから代わりに投票させて。住民票は実家でしょ？　名前とか生年月日教えて」

と声かけされたことがあった。しかも、衆院選、参院選、2回ともだ！

日本人の約半数が選挙に行かず投票権を放棄するなか、敵は着実に軍事行動を日本国内で仕掛けている。変な議員が落選せず、政治が腐敗しているのは、政治資金だけの問題ではない！　不正投票に対する厳罰も防止策もないからだ！！！

日本は諸外国と比較しても古くから選挙をしてきた。江戸時代でさえ入札といい、選挙で村長ポジションを決めていた例もあったほどだ。

そして、１９１０年、朝鮮半島を併合すると、内務省はハングル文字を使った投票を有効にする決定をした。この決定は、朝鮮半島が日本の統治から分離されたあともなぜか有効で、外国語で書かれた投票用紙が現在も有効票となる。

そんなふざけた国が日本以外にあるか！　必ず、マイナンバーカードを提示して暗証番号を入力しないと投票できないようにせねばならん。暗証番号を入力できない人はそもそも候補者の名前さえ書けん。

意思がない人々を車椅子で押してきて、謎の外国人が投票代筆する異様な光景は日本にしかない。これは、賄賂《わいろ》や買収よりも危険なんじゃ！

単純な話、投票所受付係が敵のスパイなら、同じ人がぐるぐる回るだけで何十回も投票できてしまうし、そもそも選挙管理委員会が敵の軍隊の諜報員ならば、余った投票用紙に記入しまくって集計できる。

選挙集計をしたことがある人はみんな知っていると思うが、「全く同じ筆跡の票」が毎回何百票もあるよな！　このままじゃダメだ！　不正投票に無期懲役の刑罰の法改正と、投票用紙交付時の公的身分証確認が必要じゃ！

日本が壊されるぞ！

日本経済を好景気にする秘策はこれじゃ！

また非課税世帯にばら撒きをしようとしている！

しかも働く世帯の減税をしたら財源がなくなるとか言う一方で、非課税世帯へのばら撒き財源は十数兆円がすぐ見つかる！　おかしいだろ！　そこでフリードリヒ・ハイエク（経済学者）を紹介しながら、ばら撒き経済が必ず破綻する理由を説明する！

ハイエクは、ノーベル経済学賞を取った人じゃ。１９４４年に『隷属への道』という本を書いて、政府によるバラマキがなぜ失敗するのかを説いた。それは「市場の情報」を政府が知らないからだ！

たとえばな、ジーパンあるじゃろ。あれ、1930年代のボッロボロの穴だらけのが、なんかビンテージ言うて数十万円するのがある。しかし、ジーパン愛好家にしか、その「価値」(適正価格)がわからない。ワシから見たら、ただの汚い古着じゃ。だから、捨ててしまうか雑巾にしてしまう。

これは官僚から見ても同じじゃ。ビンテージジーパンの適正価格は、専門家にしかわからない。専門家以外が評価すると、市場での正当な取引の機会が失われてしまう。政府による市場介入というのは、これを至るところでやってしまう。

今回、非課税世帯にお金をばら撒くといっても、預金や株券時価総額が数億円あって、収入を必要としない非課税世帯にもばら撒くわけじゃ。ほか、持分会社を経営して、生活のほぼ全てを経費にして申告している人とか、さまざまなライフスタイルがあるが、それを無視しておる。

つまり、政府は「支援金が欲しい人」と「特にいらない人」という市場の情報を知らないわけだ。この状況でお金をばら撒くと、ばら撒かれたお金は預金として眠る。

だから、貧困で生活がヤバい人が申告して受給するやり方が望ましいが、そうすると事務が膨大となり、申告を審査する余力もない。こうして、いたずらに予算が減っていくわけだな。

ばら撒きをしたいならば非課税世帯ではなく、障害者世帯とかにしろ！　加齢でなんか障害があれば間違いなく経済的問題が発生しているからな。それを支える家族にも。しかし、健康なら働ける！

一方で、政府の市場介入が成功する場合がある。ケインズの考えじゃな。これは政府が「市場の情報」を知っているときじゃ。

たとえば日本は第2次世界大戦後、焼け野原になった。だから、市場が欲しているのは、衣食住だな。決してビンテージジーパンとかではない。衣食住なら、政府は公営住宅をバンバン建てて繊維と稲作に公金をぶち込めばいい。

キラキラしてる表参道ヒルズは昔、公営住宅だった。戦後の極貧を耐え、地域を活性化させ、その目的を果たしたから民間に売却されたんだな。表参道ヒルズのすぐ裏には、まだ神宮前団地といい、敷地内で勝手に畑をつくってるヤバい感じの団地があったぞ。ここも役割を終えつつあるな。

つまり、市場の需要が単純だと政府は把握できるし、複雑だと把握できないわけだ。市場の情報の単純化と複雑化はなんで分かれるか？

戦争か平和じゃ。戦争になれば、「飲んでも死なない水が欲しい」と、需要が単純化するが、平和だと水の産地や硬度や温度など需要がめちゃくちゃ細分化するので、把握不可能になる。ケインズ政策は第2次世界大戦中のアメリカで大活躍したが、それはナチスと日本を倒したいという単純な需要に答えるため、武器弾薬の製造に公金が投入されたからだ。

ここ30年の日本では、いろいろと公的資金があらゆる領域に投入されたが、ことごとく経済政策として成功の評価を得ていないのは、平和で需要が細分化され、的外れな資金投入をしているからじゃ。非課税へのばら撒きとかな！　アホばっかな政治をしとるからだ！

好景気になれば社会保障料もガッポガッポ入り、ジジババの年金支給額もアップできる！　ワシが政治をしたら1発で日本を好景気にできるぞ！　武器輸出の完全解禁だ！

知らない人も多いが、すでに日本製ライフルや弾丸は輸出され、ウクライナ戦線にも投入されている。世界は日本の武器弾薬を三八式歩兵銃の時代から信用している。日本製の弾薬は最高水準じゃ。ここで、弾薬砲弾軍用車両に無線誘導弾、地雷、自爆ドローンを輸出解禁してみろ。日本経済は好景気になる！　しかし、日本政府は経済よりも政治思想（平和主義）を優先しているため、日本は現在貧しくなった。世界からの需要を理解しておらん。というわけで、市場の情報を知らない政治の経済政策は必ず失敗する！

政府は子どもを大切にする国にせよ！

障害児の監護から父親を排除した単独親権の母親が、障害児を死亡させた凶悪犯罪が起きた！　許されない悪意だ！　久しぶりに反吐《へど》が出る凶悪犯罪だ！　仮に障害児の監護が大変なら共同監護にすれば良いし、そもそも非監護者の父親が子の監護に関与したら逮捕起訴だからな！（２００５年12月６日／最決）

そもそも単独親権とは何か？

それは、子に対するあらゆる介在を排除して、子を支配下に置く法律上の権利だ。欧米が養育費をたとえ離婚しても父母で分担するのは、共同親権だからじゃ。日本は単独親権なので養育費はあらかじめ支払いを裁判所で取り決めていない限り、支払い義務はない。だって排除されているから。そもそも養育費は養育者が負担するもので、養育してない人には関係ない。しかも、取り決めをして日本では特に母親が養育費を支払わない。

そんな単独親権が日本に輸入されたのは、1898年のことじゃった。534年に東ローマ皇帝ユスティニアヌスが「ローマ法大全」という法律書を出してな、それをフランスのナポレオンがフランス法に取り入れて、明治時代の日本に輸入され、現在に至る。

しかし、その輸入元のフランスでは、とっくの昔に単独親権を廃止している。実は、ローマ法が単独親権を認めたが、ドイツのゲルマン法は単独親権を否定していたんじゃ。

なぜならば、ゲルマン法は子どもを奴隷として売り買いすることを禁止していたが、ローマ法は子どもを奴隷にして売り買いすることを禁止していなかったからじゃな。

つまり、単独親権とは、子どもを奴隷にするため、他者の介在を排除する過程で発展した法概念なんじゃな。

だから、2020年に滋賀県で、単独親権に服する女子小学生が、性器に覚醒剤を塗られて、母親の彼氏（出会い系サイトで出会った50歳男性）の性器を口でしゃぶって、精液を飲む様子を母親が撮影して遊んでいた事件が起きたが、これは単独親権の〝歴史的に正しい使い方〟というわけじゃな。皮肉な意味でじゃぞ！

子どもを性奴隷にするために単独親権は発展した。いま地球上で単独親権を認めているのは、日本と北朝鮮とあと少ししかなくて、先述したが、日本人の母親が、アメリカやカナダ、フランスでも単独親権だと勘違いしたのか、自分の子どもを拉致してきて、インターポールやＦＢＩから国際指名手配をされている。欧州議会も、２０２０年７月８日、賛成６８６票、反対１票の圧倒的多数で、「日本人が子どもを拉致している」として、北朝鮮の拉致の数百倍も日本は子どもを拉致した事実を非難決議している。

日本人が知らない世界の真実じゃ！

だから日本も１２６年ぶりに単独親権を改正したんじゃが、「原則共同親権」と言い、裁判官がまだ単独親権を決めることができる権限が残されたままの改正となった。なので、不安の声が大きい。

ワシは、単独親権というか、親権を喪失すべき理由は、ただ、ひとつ。「自分の子どもに危害を加えた犯罪が確定したとき」にすべきだと思う。DVとかは配偶者に対するものだからな。

妻が子を虐待したからキレて夫が妻を殴り、DVだから親権を失って、以後、妻が児童虐待し放題なんてことはよくある。日本はな、農村で昔から子どもを農耕用家畜に使ったり、明治期まで年季奉公といい、子どもを事実上、人身売買していたから、「私の犬が産んだ子犬は私の犬」という所有物への感覚が、「私の産んだ子は私のもの」となって、国際社会と対立しているように思えるな。

昔の農奴（自分の土地を耕作する百姓ではない）と同じように、人間の子どもと家畜（牛馬）の区別がついてない気がする。だから、家畜は占有で所有権が認められるのと同じく、子どもを拉致して占有すると単独親権が裁判所で認められる最悪のシステムがあるわけじゃな。

いずれにしろ、子どもはひとり親で育てるものではない。死別を除き、日本は単独親権という野蛮な制度をなくしていくべきじゃ。

ワシは、

①子どもは親と暮らす権利がある

②子どもは血のつながらない他人と暮らすのを拒否する権利がある
③離別単独親権者が子どもを死亡させたり、障害を負わせたら重い罪にする
などを明確に法改正すべきだと思う。子どもを大切にする国にワシはしたい！

日本の宗教観を堂々と主張するんじゃ！

神社の鳥居の下でダンス動画を撮影して配信した外国人への批判が高まるなか、とあるスロバキア人が「私だけ地球在住者じゃないの？」（差別するな！）とコメントして炎上した。

一番悪いのは神社ダンスを日本語で擁護してるいつもの反日勢力たちよ。

あのなあ！　２０００年に森喜朗総理が「日本は天皇を中心にした神の国」と言ったが、日本は諸外国と違って聖俗分離がなく、「生活のなかに神がいる」のだ！

ご飯を食べるときも神仏にことわりを入れてから食べるし、祖先供養に供えた食べ物をあとで食べる。いわば神道という〝ＯＳ〟の上に仏教やキリスト教とかの〝ソフト〟が乗って動いているから、結婚式はキリストに誓い、葬式は仏教でやる。

先日、国連の女性差別撤廃委員会が「天皇に女性がなれないのは性差別」とぬかした一方で、ローマ教皇に女性がなれないのは差別とは言わない。全く理解していない。

ワシに言わせればキリスト教など歴史が浅いもんと我が国の天皇を比べること自体が不敬だが、こうした勘違いとも人種差別ともいえる無理解が広まっている背景には、「聖俗分離」の「日本以外」の地域では、なんか荘厳な建築物でなんか偉そうな音楽が流れていないと、「ここは俗世、あれは聖域」だと外国人のほとんどは理解できない事情がある。

天皇は祭祀主兼立憲君主だから、女性が天皇になるのは「男性が赤ちゃんとか病気とかで天皇をできない特殊な状況」のときで、天皇が宗教的権威だという理解がそもそも国際的にされていない。国際的というか、戦後に帰化した移民の子どもたちも理解していない。だからナメたことをする。

戦後から日本国籍となった「新しい日本人」はワシから見て、日本という国自体が古来、宗教上の信仰の対象となる土地であり、日本の国土が全て神話の時代より生み出された聖域だと理解していない。

じゃあ、どうすればいいか？

現行の礼拝所不敬罪（刑法188条）の法定刑を「6カ月以下の懲役若しくは禁錮又は10万円以下の罰金」から大規模に引き上げるしかない。それこそ、懲役15年くらいにするしかない。それが国際社会で日本がちゃんと生き残れるかを決めるんじゃ。

靖國神社の問題もそうじゃぞ。なんか悪魔崇拝みたいに見なされ、死んだら神になるという日本の宗教観が全く理解されていない。あげく日本人の間でも帰化人が増えすぎて、高市早苗さんが靖國神社を参拝するのは許さない、という「他人の信仰を否定するレイシスト」だらけになっている。

日本人の宗教観はな、一般人が死んだら仏となり輪廻転生《りんねてんしょう》して、また次の人生に進む。偉い人が死んだら神となり、神社の祭神になる。食べ物にも便所にも神話エピソードがあり、生活の至るところに神が宿る。だから不正は太陽が見ているから許されない。この国家単位の信仰の祭祀は天皇が代表する。

この意味で、ワシは「国家神道」こそが、神道のあり方として本来のものであり、現在の「神社神道」は、各神社がニコニコして個別的に存立しているだけで、本来の神社の意味から神聖さが減退していると思う。昔はな、内務省神社局が神祇院《じんぎいん》となり、政府が神社を管理していたんじゃや。

神社も官幣社《かんぺいしゃ》と国幣社《こくへいしゃ》があり、701年に大宝律令が施行されてから、1947年に日本国憲法が施行され「宗教弾圧」をされるまで、1200年以上、ずっと「神社は政府の管理下」にあったんじゃ。

日本があの戦争で負けて奪われたのは、自衛権だけではなく、戸籍制度（昔は戸主制といい、いまのように核家族だけではなく親族が全員同じ戸籍に載った）、そして、「神道」という宗教そのものだった。

「日本を取り戻す！」とは、政治だけではない。「宗教の自由」も取り戻さんとならん。飛鳥時代以前から1945年まで続いた「本当の神道」を日本人が取り戻したとき、「戦後の終わり」と言えよう（千葉県の香取《かとり》神宮は神武天皇即位18年からある！）。

そうすれば、国連から「天皇は性差別」とか狂ったことを言われないようになる。

神道は国家なんじゃや！

まともに選挙に行かないと国が壊れるばかりじゃぞ！

日本人は道路標識を読めて試験を受けないと免許をもらえないが、特定の外国人は宿泊先ホテルを住所にし、標識を全て読めなくても免許がもらえる「人種差別の警察行政」が政治の力で始まった。外免切替制度、道路交通法第90条1項および第97条第2〜第3項じゃ。事故率は日本人と特定外国人で違う。もう平和で安全な日本は失われる。

これら一連の諸政策は、ある宗教政党によって決まった。なぜ宗教政党はこんなことをするんじゃろうな?

皆、知っているように公明党は宗教団体の創価学会を支持母体にする。そこで改めて「宗教とは何か?」を考えたい。

米ハーバード大学医学部の心理学の権威、ウィリアム・ジェイムズは「宗教の原理」について、こう説明した。

「すべての宗教が合流するように見える或る一様な意見がある。

それは次の2つの部分からなる。1、不安感、および、2、その解決。

1、不安感は、もっとも簡単な言葉で表すと、自然の状態にありながら、私たちはどこか狂ったところがあるという感じである。

2、解決というのは、より高い力と正しく結びつくことによって、この狂いから私た

ちが救い出されているという感じである」(『宗教的経験の諸相』第20講/桝田啓三郎訳/岩波文庫)

つまり、宗教を信じる人はもとから心が不安定な状態にあり、それを解決するために「高い力」とつながることで、その不安定な心を安定させたいという心理がある、と解説しているわけだな。

宗教が、長い歴史のなかで培《つちか》われた経験則を信仰するならともかく、誰かの思いつきを信仰したら、善悪はその「思いつき次第」となる。創価学会が人権と平和という「高い力」を尊重するならば、問題は起きないはずだが、2020年、米政権が中国政府によるウイグル人ジェノサイドを認定したあと、公明党の主張は「人権と平和の否定」をあらわにした。

つまり、米国よりも公明党は組織力があるため、「ジェノサイドは存在しない」と言い切った。

これはあまりにひどい。

そして、これは「宗教」の目的とする「高い力との結びつき」が、「人権と平和」ではなく、「中華人民共和国」であることがわかった瞬間でもあった。

ジェノサイドってわかる？　妊婦も子どもも人種を理由に殺されるか、強制労働をさせられること。

もし、「人権と平和」が「最上位」だったら、この時点で親中をやめるが、実際には、「人権と平和は人種により選別を受ける」ということだった。

冒頭で紹介した運転免許の人種特別措置も、交通事故を防ぎ命を守ることよりも「中華人民共和国が大切」という「高い力との結びつき」が〝信仰〟として出た結果と言える。

中国および人民解放軍を信仰上の結びつきにしてしまったから、現在、日本の警察と自衛隊よりも多い人民解放軍兵士を日本国内に「一般人」の身分で入れてしまったし、公明党と連立する自民党は、政治資金規正法改正で「中国人民解放軍が自民党の政治資金パーティー券を購入すること」を合法化してしまった（外国人パーティー券購入に反対したのは国民民主党だけだった）。

普通な、どの国も「最高位」は「憲法」なんじゃ。ところが、日本はその憲法が敗戦後、適当につくられたものだから役に立たず、各自がいろいろなものを「憲法的ポジション」にした。

公明党は中国をそのポジションに置いた。憲法に反するか否か？　のように、中国の意向に反するか否か？　となった。

今日も、自力では当選できない自民党候補が「比例は公明党」を叫び、選挙活動を続ける。これら議員は国民の代表ではなく、外国の軍隊の代表となった証左だ。だから、再生エネルギー賦課金で日本人の多額のお金を中国に毎年わたし、交通事故で日本人を殺しまくり、挙句、中国本土では日本人小学生まで内臓を引き出されて殺された！

いい加減にしろ！　どいつもこいつも日本人がまともに選挙に行かないから宗教団体が顔をデカくしとるんじゃ！

ええか！　別にな！　本当に平和と人権を尊重する宗教ならともかく、実際には虐殺と差別を尊重しとるんじゃ！　最悪なんじゃ！

その最悪の精神が生み出した政治だからこそ「特定の人種だけはホテルを住所にして免許を取らせます。標識読めなくても大丈夫だし、事故で日本人が殺されても問題ありません」という政策が始まったんじゃ！

これ以上放置したら国の腐敗は取り返しがつかないぞ！　選挙に行け！　主権者は誰なのか形に残せ！

非核三原則を撤廃しなければ、日本は核で滅ぼされるぞ！

高市早苗さん編著の『国力研究』（産経新聞出版）に、「非核三原則のうち持ち込ませずという部分は非現実的」という主張があり、マスコミが騒いことがあった。でもな、日米安保で米軍にお任せする条約があるのに、たかが国会決議の非核三原則で条約制限するっておかしいな！

まずな、非核三原則とは1967年12月に発表され、その4年後の1971年4月に国会決議された。そう、54年も前の価値観をいまだに信じている変な人がいるわけじゃ。

しかもな、これは法学をちょっとでも学んだ人ならば誰でも知っていることだがな、法には優先順位というものがあり、憲法、条約、法律、国会決議の順で優先される。つまり、憲法に違反する条約は無効だし、条約に違反する法律は無効なわけじゃ。

日米安保とは条約じゃ。この条約で米軍はその裁量で日本の防衛ができる（義務ではない）が、防衛をどのようなやり方でやるかはお任せなんじゃ。ところが、条約を締結したあとに非核三原則を国会で決議したから、米軍は日本に核兵器を持ち込んではいけないとか言い出した。

アホか！　それなら条約改正が先だろ！　しかも、横須賀などに寄港した米空母がいちいち核ミサイルの装備を取り外してから寄港していると思うのか！

つまりな、条約と国会決議のどちらが優先されるのかさえ理解できない、お勉強が苦手な人たちが唱えているのが非核三原則というわけじゃ。

高市さんは、核兵器を持たず、つくらず、の部分は日本が締結した核不拡散条約の履行だから全く矛盾しないが、「持ち込ませず」というのは、何ら法的根拠がない、ということを説明している。

国際的には、NATOに加盟しているドイツやイタリアも、核保有国のフランスやイギリスと核兵器を共有している。核不拡散条約は核兵器の新たな保有や製造を禁じるが、既存の核保有国と核兵器の共有を禁じる規定はない。だからこそ、ニュークリア・シェアリング（核共有）がこれからの日本の安全を守るために必要なんじゃ。

そもそも非核三原則が国会決議された当時、北朝鮮に核はなく、中国には13分で日本の各都市を核攻撃できる弾道ミサイルを配備していなかった。科学技術が全く異なる時代背景にもかかわらず、「核を持ち込ませず」とか言うのはおかしいぞ。

そもそも、非核三原則とは、沖縄返還を目前にして、沖縄には当時大量の核兵器が配備され、なかにはM388デイビー・クロケットという核バズーカ（兵士が一人で発射する戦術核）もあった。だから、沖縄返還で日本が核兵器を自動取得してしまうと、ソ連を刺激し、北海道侵攻作戦の呼び水になる恐れがあったため、「日本は非核地帯」と国際社会にアピールする必要があった。

しかしいまは、ソ連はなくなり、代わりに日本人を絶滅させるとか言い出す危険な核保有国が複数存在しておる。時代背景も国際状況も全く違うにもかかわらず、なにをバカ言っとるんじゃ！

あのな、実は日本以外にも非核三原則を決議した国がある。ウクライナじゃ。ウクライナはソ連邦のひとつであったため、核兵器が配備された状態でソ連が解体され、棚ぼた式に核保有国となった。

しかし、1990年7月、ウクライナ最高議会は核兵器を受け入れない、つくらない、手に入れないという非核三原則を採択した。その32年後に何が起きたか、みんな知っているよな？　これが非核の末路じゃ。

非核三原則は、いま事実上、「核を議論させず」の非核四原則となっている。憲法で言論の自由が保障されているのに、自由を否定したい連中が核の議論さえ禁じようという陰謀を、この50年間張り巡らせている。それではイカンのじゃ！

日本は日米安保条約を改正し、アメリカと核兵器を共有する。核兵器の起動は日米の合意でするなど、いまヨーロッパのNATO加盟国が当たり前にしている法体制が必要なんじゃ。

すでにヨーロッパの前例がありながら日本だけダメとかいう差別主義者は黙っとれ！　日本はまず核共有せよ！

核廃絶を訴えるなら、共産主義国にこそ言うべきじゃ！

被団協がノーベル平和賞のニュースを見て、私は「えっ、どっちの？」とつい声に出た。というのも広島県には2つの被団協があり、組織名が全く同じじゃからだ。

「防衛的立場の社会主義国の核実験を帝国主義国の実験と同列に論じるのは誤り」として核兵器に賛成し続けた被団協。

その歴史を今日は話したい。

1960年代、ソ連が核実験を増やし、中国が核兵器保有を宣言した。被団協の活動自体は1950年代、核廃絶とはあくまで「アメリカとイギリスの核」であり、「ソ連や中国の核兵器は平和のため」という立場だった。

そのためか、核廃絶の声とは裏腹に、その後、フランス、インド、パキスタン、北朝鮮と次々に核兵器保有国が増えた。被団協は、共産主義国の核武装を称賛するか否かで内紛を続け、3つの団体に分裂した。

今回、ノーベル平和賞を受賞した団体は「いかなる核兵器も廃絶する」という立場の人々だったが、この「いかなる核兵器」という考え方がまとまるまで、長い内紛があったことは記憶に留めておくべきだろう。被爆者たちの命を共産主義の拡散に利用し続けた罪を決して忘れてはならないからだ。

さて、受賞理由には、注目すべき点がある。

オスロのノーベル賞選考委員会は、核兵器の廃絶を訴えることで、実際に核兵器が使用される危険性に対する「抑止力」が作用したことを挙げた。

いま、ウクライナ戦線に戦術核が使用される可能性が危惧《きぐ》されるなか、核兵器を使用して得られる利益（敵の破壊と威嚇）よりも、禁じ手を使ったことによる非難（損失）が大きければ、それは核兵器を無力化するに等しい。

いまは、どの国も多かれ少なかれ、他国との取引で生計を立てる人が有権者に多くいる。その人たちの反感を買えば政権の維持が難しくなる。これが核使用の抑止力となっているわけだ。

だが、注意すべきは、それは「国民主権」であり「普通選挙」がある国の核兵器についての話じゃ。中国や北朝鮮のように普通選挙がなく、国民がどうなろうと政権に直接的影響がない国では、核兵器使用によるデメリットがない。

つまり、核廃絶の声は、皮肉にも「自由主義の核」に強い影響を与えても、「共産主義の核」には何ら影響を及ぼさないわけじゃ。

そして、現実として被団協がその活動を始めた後、中国と北朝鮮は核武装した。挙句、その核兵器を使い、ワシら日本人を「火の海」に投げ込むと、核兵器の炸裂を暗示した中国政府高官まで現れるようになった。核廃絶の声は、明らかに核兵器の増加につながった。そして、「核兵器の使用」につながる可能性を示唆している。

もちろん、核廃絶を訴える声自体は多くの人々の共感を得るだろう。しかし、その共感の輪のなかに、共産主義の核武装国が含まれていないのが現実だ。核兵器のない世界をつくるために声をあげた結果、世界には核兵器が増えた。観念の理想と経験的現実は全く異なるのだ。

端的に言おう。核廃絶の理念は宗教である。その宗教は、信教の自由がある自由主義国では布教され、多くの信者を獲得し、自由主義国の核兵器を縮小、抑制した。

しかし、共産主義国に宗教の自由はない。よって、共産主義国では核廃絶の声自体が一切認められず、結果的に核廃絶の声は自由主義国の核兵器を減らし、共産主義国の核兵器を増やした。

中国の核弾頭は２０２０年から１０００発以上増加しているとの米国政府の指摘がある。核廃絶の声を、なぜ核兵器のない国で叫ぶのか？　核廃絶の声を、なぜ北京と平壌《ピョンヤン》であげないのか⁉　核廃絶の声を核兵器がない国であげる意味はなんなのか！

それは結局、「核兵器廃絶」の目的は、「自由主義の核兵器」に向けられている様相を説明しているのではないか。オスロの選考委員会にこの新しい宗教を信じる人がいた。

それ以上でも、それ以下でもない。

断言しよう。このままだと、次の被曝国も日本だぞ！

5章

あの大戦で散った命を絶対無駄にしてはならん！

先の大戦の敗北を恥じる必要はどこにもない！

毎年、8月になると「戦争は嫌だったが言えなかった」とか言い出す証言が出てくる。ウソばっかついて！

1942年4月の衆議院総選挙では466議席中381議席が「戦争賛成」を公約にした候補者の当選で占められ、戦争の予算案を可決した！　後になって「実は反対だった」とウソつくのもいい加減にしろよ！

戦前の日本も現在の日本もな、予算を国会で可決しなければ銃弾一発とて買えんわけじゃ。確かに戦前は天皇大権というものがあり、帝国憲法で、「憲法上の大権による既定の歳出および法律上の義務による歳出」は議会とは関係なく予算を通せたが、それで可決できたのは対外債務の利子支払（条約締結は天皇大権）と特定の公務員の給料支払いだけじゃ！

実際、第4回帝国議会（1892年）では、政府が軍艦の新規建造予算を提出したが、議員らから反対され頓挫《とんざ》した。

そこで明治天皇が、

「じゃあ宮廷費と公務員の給与を削減するから……」

という和協の詔勅《しょうちょく》（建艦詔勅）を出されて、それでなんとかなったことがある。

戦争というのは確かに天皇大権でやるものじゃが、新しくやるものなので「既定歳出」ではないからな。どうしても納税者である国民が選んだ議会の予算可決が必要じゃ。

そこで、日本がアメリカとイギリスと新しく戦争を始めた約５カ月後に、衆議院を解散して国民に信を問うたわけだ。結果、投票率83・15％と最高水準で、圧倒的多数の「戦争賛成」を得た。

こうして政府は米英戦に必要な予算を通して、戦争を続けたわけじゃ！

もちろん全員が戦争に賛成していたわけではない。安倍晋三さんの父方祖父、安倍寛《かん》は、戦争反対を公約にして衆議院議員に当選したし、また戦後、大日本愛国党をつくった赤尾敏も戦争反対を公約にして衆議院議員に当選した。

「右翼のくせに親米？」とかいう声があるが、バカたれ！　右翼だからこそ親米親英なんじゃ！　だから、英米との戦争に戦争中から反対していたんじゃ！　つまり、戦争中の日本では、戦争に反対する政治的自由が憲法で保障されていたわけだ。

もちろん、不当な弾圧もあった。実際、鹿児島県では、戦争反対派の候補者に不当な弾圧が加えられたとして、大審院（当時の最高裁）が、「選挙無効」の判決を下し、1945年3月20日にやり直し衆議院議員選挙が執行されている。1945年3月20日にだぞ⁉　大日本帝国がいかに民主主義国家であったかわかる。

選挙結果、どうなったと思う？

日本各地で空襲が始まり、硫黄島が陥落し、特攻隊が出撃し、学徒兵が次々と戦死していた頃じゃ。やり直し選挙の結果、戦争賛成派が4名全員当選した。全員当選じゃ。いかに民意は戦争を望んでいたかがわかる。

まあ、鹿児島県では平成になっても不正選挙で大騒ぎになった事件が起きているから、不正選挙が起きたことと戦争はそもそも関係ない。あのな、「アメリカに勝てるわけない」とか、あの戦争はそういう話ではない。

あの戦争は、欧米列強による植民地支配と人種差別をぶっ潰すための戦争だったんじゃ。勝てる、勝てないではない！

もし、戦後言われるように石油だけ目的に戦争をしたならば、そんなのナチスにボコられたオランダの植民地を襲えばいいだけ。石油がたくさん出るのはオランダ植民地のパレンバン（インドネシア）なんだから。

でも、日本は石油が出ないフィリピン（アメリカ植民地）にも攻撃をした。英米に戦争をふっかけた！　それはな、戦争の大義と目的が「人種差別撤廃」にあったからだ！東南アジアから欧米列強を追い出すための戦争だったからだ！

国力の差？　知るか！　数百万人の命を使って一矢報いたんじゃ！　だから、みんな戦争に賛成した！

戦争に反対していたのは「植民地支配も相続財産の一部だと言えるため、武力行使でそれを終わらせるのはいかがなものか」と考えていた、当時のいわゆる「保守」だけじゃ！

いいか！　戦争に賛成していたくせに、戦後になったら戦争に反対していたというのは強烈に卑怯《ひきょう》だから止めろ！　戦争に負けたことを恥じるな！

日本は戦争には負けたが、戦争目的は果たしている！　見よ！　いまのアジアを！植民地がどこにある？

マレーシア国首相、マハティールの言葉を引用する。

「日本の戦争責任を問うならば、非人間的な支配と簒奪《さんだつ》を続けた欧米宗主国の責任はどうなるのだ。大日本帝国が来たことで植民地支配から解放され、近代化がもたらされたのだ」

もう恥じるな。ワシら日本人は立派なことをした！

「戦争」に対する偏見・先入観はまさにつくられたものじゃ！

戦争についてどう思う？

「戦争は嫌だ」「戦争は怖い」という意見が日本では多い。しかし、世界では違う。

「〝戦争は怖い〟という精神疾患を大量につくれば、相手の戦争能力を消滅できる」

戦略爆撃理論の創設者の言葉じゃ。実は、それは「つくり出されたもの」。

１９３２年11月10日、イギリス貴族院で枢密院議長（スタンレー・ボールドウィン伯爵）による、ある演説がされた。「爆撃機突破演説」というものじゃ。

「爆撃機は必ず突破する。唯一の防御は攻撃である！　つまり、祖国を救いたいならば、敵よりも多くの女性や子どもをより素早く殺さなければならない！」

ロンドンで海軍の軍縮とかやっていたあと、この伯爵（3回ほど首相経験）は、新しい戦争は、敵の女性と子どもを大量かつ迅速に殺害するべきだと演説して空軍力の強化を訴えた。

この戦略爆撃理論の提唱者が、ジュリオ・ドゥーエというイタリア軍人なんじゃ。ドゥーエは1921年に戦略爆撃という概念を人類で初めて提唱し、新しい戦争のやり方を世界に広めた。日本人が、戦略爆撃というと、なんか軍事基地とか工場を爆撃するみたいに聞こえるじゃろ。とんでもない間違いじゃ。

戦略爆撃とは、民間人を大量に殺して、生き残った人々を精神障害者にする。そうすれば、大量の精神障害者は自分たちの政府を攻撃するので、戦争ができなくなる。これが「戦略爆撃」という言葉の正しい意味じゃ。

ドゥーエは第1次世界大戦で心に傷を負った人々が、なぜか敵ではなく自国政府を批判しているのを観察し、1970年代に精神医学がPTSD（心的外傷後ストレス障害）の概念を確立する50年も前に、精神障害者が反戦運動をしたり、戦争を嫌がるという事実を発見したわけじゃな。

この戦略爆撃理論は世界各国に輸出された。そこで成功例と失敗例を見てみたい。

失敗したのはドイツと日本じゃ。ドイツ空軍はロンドンを空襲したが、イギリス空軍を攻撃する前にロンドンを襲ったため、迎撃機によって大量の爆撃機が撃墜され、イギリスの民間人に死の恐怖を与えられなかった。

日本軍は重慶を爆撃したが、蔣介石《しょうかいせき》政権は民主主義をそもそも導入していないので、一般人が死の恐怖で狂って重慶政府を批判しても督戦隊（自軍の部隊を背後から監視し、命令なき退却を阻止する部隊）に処分されるだけで意味がなかった。

成功したのがイギリスとアメリカじゃ。

英米軍は、まずドイツ国内のベアリング（飛行機の部品）工場を攻撃し、ドイツ空軍の稼働機を減らした。そして、護衛戦闘機をつけて一気にブレーメン、ハンブルクを焼いた！

ただ、日本への戦略爆撃はなかなかうまくいかなかった。B29で攻撃を仕掛けても、日本はレーダーを済州島などに配備し、迎撃機をすぐ出撃させ、たちまちB29編隊に襲いかかり撃墜したからじゃ。

日本への戦略爆撃が成功したのは、日本海軍がぼろ負けし、レーダーを海上や島に設置できなくなり、かつ米空母から出撃した艦載機が、日本の迎撃機基地を叩きまくった後だった。

東京大空襲が成功したのは、レーダー基地や迎撃機基地が事前に叩かれ、かつ残ったレーダーに補足されないように低空を飛び、編隊を組まず単独飛行させ、レーダーに感知されない戦術をとったからだった。

こうして、戦略爆撃は、その創設者の思想を思う存分に日本で実現した。東京大空襲で殺されたのは逃げ足が遅い子どもと妊婦だった。東京の下町地区には、1940年から1945年に生まれた人はほとんどいない。未就学児と妊婦がみんな殺され、黒焦げの死体になったから。そして、生き残った人々が死体を大量に見て、政府を批判し出した。

広島原爆投下の跡地には、「過ちは繰り返しませぬから」と刻んだ石碑がある。この石碑こそ、戦略爆撃が大成功し、見事に大量の戦争反対者をつくり出した歴史的な快挙と言えよう。殺された側が自己反省しているわけじゃからな。

そして、戦争反対者は自己増殖する。子どもにも恐怖を叩き込むからな。原爆投下のアニメや等身大人形までわざわざ制作して、死の恐怖を次世代に叩き込む。戦略爆撃の連鎖はこうして80年続いた。

"The bomber will always get throug"

爆撃機突破演説の通り、大量の女と子どもを殺して、頭をおかしくして戦争に勝てた。ワシら日本人はこうした歴史的背景を絶対に知らねばならん。戦争を怖がること自体が「つくり出された精神疾患」である事実を！

あの日、日本が戦った記憶を絶対に忘れるな！

12月8日は日米開戦日じゃ。そこでワシの大叔父さんの話をするぞ。

「母さん、僕は空で戦いたい。海兵もいいけど、時代は航空機だよ！　これからの戦いは戦艦じゃない。航空決戦なんだ！」

マレー沖で開戦わずか3日目にしてイギリス最新鋭戦艦、プリンス・オブ・ウェールズを海軍航空隊の強襲で撃沈したニュースは日本中を駆けめぐった。海軍機パイロットを養成する「予科練」の倍率は600倍。大叔父さんは海軍兵学校の約2倍の受験を猛勉強で突破した。予科練での訓練は苛烈を極めた。

ある朝、雨だった。雨音を聞きながら起きた。その「ぴちゃぴちゃぴちゃ」という雨音が頭のなかで「戦え逃げるな」に変換された。

そうモールス信号だ。これを覚えなければパイロットとしてまず役に立たない。

〈ノの覚え方は乃木東郷、・・　・ー・ー〉

あらゆる音がモールス信号に聞こえた。戦争はガダルカナル島撤退戦を迎え、満洲から日本の敗戦を見越して日窒《にっちつ》など大企業が撤退するなか、大叔父さんの闘志はいよいよ高まった。

大叔父さんには2歳上の兄がおった。とても兄弟仲が良くってな。ある日、兄さんは大叔父さんを尋ねて基地にやってきた。そこで大叔父さんは兄さんにこんなおねだりをした。

「兄さん！　あと少しで卒業だよ！　なあ、軍刀くれよ！」

「よし、じゃあ実家に室町時代から伝わる、あの宝刀を航空機に積めるように短く切ってやるよ！」

「いいのか？」

「こんな戦争のときに刀を持って出陣しなくてどうする！　先祖も納得だろ！」

「でも、切ったら価値が下がるだろ」

「金のことは気にするな！　さあ、写真を撮るぞ」

「えっ、基地内で写真はまずいよ。軍機保護法で逮捕される……」

「細かいこと言うな！」

パシャリ。九三式水上中間練習機とともに撮った写真が、大叔父さんの最後の一枚となった。

やがて卒業し、台湾沖航空戦に参加。念願の爆撃機乗りとなり、敵艦隊を強襲した。次に、フィリピン増援部隊を支援する陸海軍共同作戦の多号作戦（大東亜戦争末期のフィリピンの戦いで、日本陸軍と日本海軍が協同で実施したレイテ増援輸送作戦）に参加。最新鋭爆撃機の「銀河」を陛下より賜り、アメリカ艦隊を雷撃した。そして、１９４4年12月、レイテ島沖にて散華《さんげ》。享年19だった。

それから、しばらくして友人が兄さんのもとを訪れた。

「この刀、家に戻してくれとのことです」

と、友人が言う。兄さんは、

「なんだ。持って出撃しなかったのか」

「フットレバーを押すとき刀があると邪魔だって言って搭乗前、私に預けました。戦死したら実家にいつか届けてくれと言われて」

「そうか……」

兄さんは刀をぎゅっと抱きしめ、それから抜刀した。すると、キラキラと太陽光に反射して輝いて見えた。弟の肉体は滅しても、その精神は生きている。それが、これからの新生日本をつくり上げるのだと確信したそうじゃ。

あの日、日本は戦った。その意思と歴史をワシは決して忘れん。

国を守るために若くして命を散らした先人がいたんじゃ！

東京三田、慶應義塾のキャンパス内には、彫刻家・朝倉文夫作の「平和来《きたる》」像が設置されている。これには、大戦中に塾長を務めた小泉信三による碑文が刻まれている。

「丘の上の平和なる日々に征《ゆ》きて還らぬ人々を思ふ」

恋人や家族との幸福なときは自然にできたものではない。かつて、愛する人とともに過ごすときをあきらめ、国のために命を捧げた人たちがいる。

上原良司さんは慶應義塾大学経済学部に入学し、１９４３年に学徒出陣を迎えた。

雨の神宮外苑、観客席に満員の女子高生たちが、高く美しい声で「わたしたちを守ってください」と言うなか、足音も高らかに進んだ。先頭は東大、そして早稲田、慶應、一橋……と、有名大学の学生たちがゲートルを巻いた足をあげ、行進した。

大君に奉る新しい命だ。

ペンを捨て剣を取り、決戦の時を迎えるために！！！

上原さんには、兄が二人いた。

いずれも、慶應義塾大学医学部を出て、軍医として活躍していたが、一人の兄はすでに戦死していた。空を仰げば「後に続け」と兄の声がした。この国の大事に殉《じゅん》ずることは、若き学徒の本分であった。

このとき、上原さんは恋をしていた。ずっと、ずっと昔から好きな女性がいた。石川冾子《きょうこ》さんだ。ただ、残念なことに冾子さんは、上原が飛行兵としての訓練をしているとき、ほかの男性と婚約をしてしまった。

上原さんは悲しんだ。だが、いまは恋をすることよりも、大切なことがあった。国のため、アジアのため、この22歳の新しい命を捧げることだ。上原さんは、１９４５年３月６日、特攻隊に志願した。

もはや、ドイツも日本も負けることは分かっていた。しかし！　だからといって、傍観していることはできなかった！　イタリア・ファシズムに反対したベネデット・クローチェを愛読し、自由主義を愛した。

自身の日記には、

「靖國ノ神トナル日ハ近ヅク」

と書き残した。

自由を守るために！

上原さんは、帝国陸軍特別攻撃隊第56振武隊《しんぶたい》に配属され、三式戦闘機「飛燕《ひえん》」に乗り込んだ。1945年5月11日、菊水六号作戦が発動された。目指すは、沖縄に展開するアメリカ航空機動艦隊だ。

無数のF4Uコルセア戦闘機で編成された空中哨戒隊を突破し、特攻隊は敵艦に迫った！

上原さんは勇気をもって突入し、二階級特進、陸軍大尉として靖國に御霊が合祀された。この作戦だけで、アメリカ側は2274人の人的被害を受け、多数のアメリカ艦艇が損傷した。

上原さんは、遺書を残していた。

〈唯願《ただ》はくは、愛する日本を偉大ならしめられんことを国民の方々にお願いするのみです〉

後世のワシらに向けたものであった。このとき、実は、好きだった石川冷子は、肺結核で病死していた。

上原さんは、こう書き残している。

「天国において彼女と会えると思うと、死は天国に行く途中でしかありませんから何でもありません」

しばらく経ち、上原さんの母親が、机のなかに残された本に、ところどころ丸印がつけられていることを見つけた。その丸印を順番にたどっていくと、一つの文章が完成した。

〈きようこちやん、さやうなら。僕は　きみが　すきだつた
しかし　そのときすでに　きみは　こんやくの人であつた　わたしは　くるしんだ。
そして　きみの　こうフクを　かんがえたとき　あいのことば　をささやくことを

だンネンした
しかし　わたしは　いつもきみを　あいしている〉

上原さんはいまも靖國の英霊として、この国を見守っている。特攻隊は、物理的にとらえるべきではない。その命が悠久の大義に生きることで、戦後のワシらに強く影響を与えているんじゃ。

ありがとう、ありがとう、ありがとう。そして、ごめんなさい。偉大な日本にしてほしいとおっしゃっていたのに、こんな日本にしてしまいました。でもまだ！　まだ！　挽回できる！

日本史上の名君を紹介する!

11月3日は明治天皇の誕生日じゃ！　明治節じゃ！
そこでワシらの祖先が生きてきた明治（1868〜1912）という時代と明治天皇のエピソードを少し書いてみたいと思う。

明治天皇のパパには6人の妻がいた。九条夙子《くじょうあさこ》、坊城伸子《ぼうじょうただこ》、中山慶子《よしこ》、堀河紀子《ほりかわもとこ》、今城重子《いまきしげこ》、今城尚子《いまきひさこ》じゃ。うち、中山の産んだ男子だけ成人した！

これは同時代の農民の子の乳児死亡率よりはるかに高い。6人も妻がいて、成人した男子はたった1人じゃぞ⁉

実は、ワシも気になって祖先の戸籍謄本を取ってみたらな、祖父母で4人、曾祖父母で8人、高祖父母で16人おるじゃろ。ワシの祖先はほとんど広島か瀬戸内海の島なんじゃが、1人東京の人がいてな。その人の兄弟姉妹は3歳になるまでに死にまくっていた。病気じゃな。人口密集地だと、赤ちゃんが死にやすい。

恐らく天皇の御子が死にやすかったのは、出産のお祝いでたくさんの人が訪れ、使用人→母親→御子の順番でウイルスなどが感染したのではないかと思う。

明治天皇も、同じく6人の妻（一条美子《いちじょうはるこ》、葉室光子《はむろみつこ》、橋本夏子、柳原愛子《やなぎわらなるこ》、千種任子《ちぐさことこ》、園祥子《そのさちこ》）がいて、成人した男子（大正天皇）はたった1人、柳原からしか生まれなかった。

すごい確率の上に日本は成り立っていると思う。

さて、ワシはドナルド・キーン著『明治天皇』を中学生のとき読んで、非常に感動したエピソードがある。それは、日清戦争（1894～95）の最中、大本営を広島に設置し、明治天皇が戦争の最高指導者としておられるとき、リーダー妻の一条美子が「陛下をお慰めしたい」と言い、妻全員で東京から広島に来られた。ところが明治天皇は「前線将兵が妻を伴い戦場にいると思うか！」と仰せられ、一条らに会わなかった。

非常に共感能力が高い、というエピソードじゃ。

明治天皇は、日本を一等国に導いた聡明な君主だった理由は、この共感能力にあるとワシは思う。

たとえば、アメリカに侵略され併合される前のハワイ王国から、カラカウア王が明治天皇に謁見しようと来日した。普通の表敬訪問かと思いきや、アメリカに侵略される祖国を救いたいため、カラカウア王は、ハワイ王女カイウラニと、皇族の山階宮の結婚を提案してきた。アメリカに取られるくらいだったら日本とひとつになりたい、と思ったんじゃな。しかし、明治天皇は、それをしたらアメリカがどう思うかと考えられ、提案を断られた。

もし結婚が成立したらパールハーバーは、アメリカのものではなく日本海軍基地になっていたかもしれんが、その前にアメリカと対立して国が危なかったかもしれん。歴史のアヤじゃな。

ともかく明治天皇の共感能力は、外交と戦争という「相手が何を思うか」ということが重要な場面でうまく発揮され、19世紀後半の国際社会の荒波のなか、日本の舵取りをされたと思う。

さて、明治天皇の御代で、台湾、南樺太《からふと》、朝鮮など海外領土と、南満洲鉄道や関東州などの海外拠点を獲得した。これらを土壌に、大正天皇のときには、膠州湾《こうしゅうわん》と山東省、そしてサイパン島やパラオ諸島をヴェルサイユ条約で獲得した。

やはり、日本史で、一番の名君は明治天皇だとワシは思う。

それまでのどの天皇よりも、日本人の人口を2倍にし、海外領土を増やした二点は、誰も否定できない。だからこそ、日本の歴史上、一番でかい敷地に明治神宮があるんじゃろう。原宿にある明治神宮の祭神は明治天皇じゃ。初詣客の数も半端ないぞ。まあ、そのくらい人が来るという事実も含めて、明治天皇こそ天皇のなかの天皇だと認識されているわけじゃ。

明治天皇は、即位されたとき、紫宸殿《ししんでん》という場所で、神々と契約を交わした。それは、モーセがイスラエル人を代表して神と契約を交わしたように、日本民族を明治天皇が代表し、神々と契約をした。それが「五箇条の御誓文」じゃ。

〈一、廣《ひろ》ク會議ヲ興シ萬機公論《ばんきこうろん》ニ決スヘシ
一、上下心ヲ一ニシテ盛ニ經綸《けいりん》ヲ行フヘシ
一、官武一途庶民ニ至ル迄各其志ヲ遂《と》ケ人心ヲシテ倦《う》マサラシメン事ヲ要ス
一、舊來《きゅうらい》ノ陋習《ろうしゅう》ヲ破リ天地ノ公道ニ基クヘシ
一、智識ヲ世界ニ求メ大ニ皇基ヲ振起スヘシ
我國未曾有《みぞう》ノ變革《へんかく》ヲ爲ントシ
朕躬《ちんみ》ヲ以テ衆ニ先ンシ天地神明ニ誓ヒ大ニ斯國是ヲ定メ萬民保全ノ道ヲ立ントス
衆亦此旨趣ニ基キ協心努力セヨ〉

萬機公論に決すべし！　これは憲法じゃ。現在も有効な憲法典のひとつじゃ。いまの日本政府はこれを守っているか？　守ってないよな！　好き勝手やってるよな！　だからダメなんじゃ。明治の日には、五箇条の御誓文をみんな振り返ってな！　日本を良くするために！

6章

保守ってなんじゃろな？

「保守」を改めて定義する！

「保守」という言葉の定義を勝手に考えとる者が多いから改めて明確にする！

愛国心があるかないかは保守とは関係ない！　ワシが以前飼っていた犬に愛国心はない。人か動物かという話じゃ。

保守とはイギリス経験論という哲学を政治に適用した思想なんじゃ！　じゃから、まず経験論を知らねばならん！

17世紀前半、フランシス・ベーコン子爵が、

「人間が考えたことにはあまり意味がなく、人間が発見したことに意味がある」

ということに気づき、『ノヴム・オルガヌム』という本を書いた。

ギリシャ哲学は理性を重視するが、人類社会を飛躍的に発展させたのは火薬、羅針盤、活版印刷などの技術の発見であり、思想ではない、ということじゃ。理性や感情は、そもそも「経験」という学習によって支配される、という。

実際、ベーコンがそう言ってから350年後には向精神薬が開発され、人間の感情

は薬という物質で統制できるようになった。理性はまだ発明されていないが、知性は人工的に生産できるようになった。チャットGPTだな。

さて、17世紀後半になると、デイヴィッド・ヒュームという哲学者が、人間の本質は「白板」であり、そこから善や悪になるのは生まれた後の経験次第、という主張をした。

経験は学習によって蓄積され、そこに人間の本質がある、ということじゃ。これまで経験を大切にする考え方は、科学や倫理に適用されてきた。

そして、18世紀後半、エドマンド・バークが経験論を政治に適用する考え方を発表した。これが保守主義じゃ！

バークは、イギリスのお隣りフランスで、「人権」とか人間が考え出した思想だけを偏重し、王と王妃を首チョンパして大喜びしてる人民を「経験を捨てた」と批判した。なぜなら、王権とはその地域の経験の貯蔵庫であり、文化や慣習はもちろん、人が人たらしめるアイデンティティの集大成だからじゃ。

バークは、「世代間の連続性を失った人は一夏の蝿に等しい」と述べ、祖先から継承してきた経験を捨てた人に、人間性はないと看破《かんぱ》した。実際、マリー・アントワネットの息子は10歳なのに売春婦と強制セックスの刑にされ、感染症で死んでいる。

人間性はないな！

先のフランス五輪でも首チョンパのアントワネットが出てきてフランス人大喜びじゃ。

人間性はないな！

共産圏が総じて残虐なのも、経験をリセットしたから何万年も前の倫理水準というわけじゃ。

つまり、保守主義では、言語、法体系、王権、言論の自由、人権などは「誰かが考え出され誰かに与えられたもの」ではなく「誰かが昔見つけて、祖先から相続したもの」と考える。ここから、経験則違背を拒絶する。

だから、アメリカやイギリスが憲法に基づいて慣習を最高法規としている国のあり方を保守主義者はリスペクトして尊重し、反対に日本国憲法のように慣習や伝統とは無関係に、ある日突然「考え出された」成文法に反対するわけじゃ。

保守の憲法とは歴史から「発見」された法則であり、左翼憲法とはある日「思考」されたものだからじゃな。

平和主義だの戦争放棄だの、そんなものは歴史にない！　歴史にないということは、そんなものは歴史の荒波に呑まれ消滅して記録されなかった、つまり、間違っていたということじゃ（かつてカルタゴは平和主義を言い出し、国防を重視したハンニバル将軍を迫害したが、結局ローマ帝国に侵略された史実を見よ！）。

保守主義とは、経験則の相続にある。愛国心とか国防強化とか国益とか核武装とか、実は関係ない。そんなことは共産圏でもやっておる。

保守主義とは、祖先から継承された一切を守り（不合理なものは継承されずに過去、淘汰《とうた》されたからじゃ。アメリカの奴隷廃止は1862年〈リンカーン大統領による奴隷廃止宣言〉、日本の奴隷廃止は907年〈醍醐《だいご》天皇による延喜《えんぎ》の治で五色《ごしき》の賤《せん》が廃止〉）、未来に伝えていくことにある。

だから、移民やLGBT、選択的夫婦別姓、単独親権など、過去存在しなかった要素の一切に保守主義は反対し、「考え出された憲法」の改正を求めているわけじゃ。

なので、アメリカやイギリスなど「発見された憲法」を保守主義者はリスペクトし、フランスやロシアなど「考え出された憲法」を保守主義者は嫌うわけじゃ。プーチン政権は保守的じゃが、それ以前のロシア・ソ連は長いあいだ夫婦別姓などを推進した。

西側は慣習を捨ててリベラル化したが、ロシアは慣習ではなくプーチン個人の力によって保守化した。つまり、どちらも慣習を軽視しているんじゃ。

この違い、わかったかの！

保守主義には〝責務〟があるんじゃ！

石破政権では、党議拘束で「移民推進」や「選択的夫婦別姓」など「日本の国のかたち」を壊す法律がつくられる可能性が高い。

これは経済以上の問題なんじゃ。国のかたちがなければ、経済政策はことごとく無意味になる。

多くの誤解があるんじゃが、移民、すなわち異民族の遺伝的・血統的定義はない。それは、単に「文化や習慣、帰属意識を共有できない人々」の総称なんじゃ。

本来、文化や帰属意識、慣習というものは、長い年月をかけて数世代、数十世代にわたる歴史の蓄積によって完成する。

たとえば２０１９年に施行された「日本語教育の推進に関する法律」ではな、外国人が日本社会で普通に生活できるために必要な「学習時間」と、それをサポートする日本語教師の資格と役割について定めている。

外国人が日常生活でトラブルを起こすことがない程度に日本語を学習できるようになるまでには、莫大な時間とコストがかかるんじゃ。多文化共生社会を実現するには、非常に金がかかる。目先の賃金格差による薄利のみを目当てにして、治安の安定という、本来ならば莫大な維持コストのかかるものを投げ捨てようとしているんじゃ。

この影響は、単に刑事事件だけの問題にとどまらない。やがて、秩序そのものに影響してくる。

ところでな、フランスの外務大臣を務めたアレクシ・ド・トクヴィルという人がな、アメリカ合衆国の建国から成長の様子を分析した『De la démocratie en Amérique』で、次のように重要な指摘をしているんじゃ。


「人民主権の原理は隠されているものでもなく内容自体に空虚さがあるものではない。それは、習俗によって確認され、法律によって宣言されたものだ」（トクヴィル『アメリカの民主政治』井伊玄太郎訳）

民主化した社会では、それまでの封建的な権威をまとった勢力が一掃されて平等な社会となる。逆に、人々は一切の権威を拒絶するようになるが、個々人の能力は違うわけであるから貧富の格差が拡大して相互不信が高まり、社会不信にあふれた社会となる。

この「不信」を動機にした「民主主義の暴走」が強く懸念され、狂気の政策も多数派の合意があるということで執行されてしまう恐れがあるなか、この暴走を阻止する最大の要素が「幅広く受け入れられた習俗・慣習」であるとトクヴィルは指摘したんじゃな。

保守主義の責務を思い出せ！

貴族の権威によって人民の自由が抑制された社会でもなく、また人民が民主主義の大義名分によって狂気の暴走を自由にできる社会でもなく、安定して自由な社会を維持するために必要な要素が、「慣習」を幅広く共有する人々の存在なんじゃ。

つまり、ワシらじゃ！　この意味で、異なる習俗・慣習の人々を受け入れることは、単に治安の問題以前に、この異民族たちが結婚して子どもを産み、「旧来の日本人とは異なる価値観」で徒党を組んで日本社会に流入してきた場合、どうなるかをよく考えてな！

異常な政策を主張するだけの特定の野党だけにとどまらず、普段は基本的人権の尊重を声高らかに主張している者が、中国共産党による深刻な人権侵害を見て見ぬふりし、大切な同盟国との外交関係に亀裂を入れつつある現実さえ起きているじゃろが！

トクヴィルが指摘した「民主制の暴走」、すなわち多数派の合意があれば、どのような狂気も首肯《しゅこう》されるという悪夢じゃ。しかし、まだ完全にダメになったわけではない。多数派ではないが、決して少数派ではない「生粋《きっすい》の日本人」の勢力は、衰えていない。

そして、この生粋の日本人と価値観を共有できる「外国人」も少なからず存在する。多様性とは、肌の色や目の色といった精神に影響しない、あくまで外観的かつ表層的な要素で一切を判断して、排他的性格を持つことを許さない社会であって、倫理観の共有まで否定するものではない。

なればこそ、この残された「慣習の芽」を絶やすことなく、いま以上に大切にし、日本を愛するすべての人々はその出自にかかわらず日本の伝統に回帰しなければならない。

それが、日本を救うのじゃ！

選挙で痛みを与えることで、よりよい社会が形成できる！

「正義執行」について語るぞ！

正義を論じるには小難しい哲学からまず説明せねばならない。

ヒュームという哲学者が、かつていた。それによるとな、人間の情念がさまざまな欲望をあらわにし、各自が各自から奪い合い、殺し合った原始社会を想定した。原始世界においては誰もが獣であったとする考え方じゃ。

しかしな、ジョン・ロックという哲学者の考えでは、人間の理性によって人間の情念を抑制し、各自が合理的に契約をなすことで秩序が保たれたとするんじゃが、ヒュームの考えに拠《よ》れば、人間は理性ではなく経験によって秩序が成り立ったと説明する。つまり、後天的な学習じゃな。

各自が原始的な欲望によって、誰かの命や財、貞操を奪えば、結局は報復を招き、奪い返すための争いも起きる。これによって生じる争いは多大なる損害をもたらし、その損害は暴力で得られた利益よりも大きい場合が往々にしてある。

そこで、人間は経験能力によって他人の同意を得ないまま他人の命や財産、貞操を奪えば、結局は損害が生じて利益は消えてなくなることを学習し、各自で合意を形成し、それが法律となったものであるとして国家の起源を説明したんじゃな。

ヒュームの主著『人間本性論』は、地球上にこれまで存在したいくつかの人間の集団の成立について次のように説明している。

ヒュームは、人間にとって最も強力な精神作用は経験能力であるという。人間の理性や感情など、ほかの精神作用は経験の下にあると考える。

たとえば、認知症に罹患《りかん》した老人のうち、会話能力さえ失い、わが子の認知もできなくなった後でさえ、自分の家がどこにあるのかわかり、郵便受けを確認するといった習慣的行動が可能である場合がある。

しかし、ワシの考えを言えば、経験のみでは局地的な集団は成立しても、良き国家は成立しない。なぜならば、そこに正義がないからじゃ！

実際、原始社会の生活様式を続けていた部族が近年まで地球上に多数あった。極端な例を挙げれば、他部族の者は殺害して食してよいが、同族を殺して食べてはいけないといったものから、他部族の女は強姦してよいが、同族の女に対してはこれをしてはいけないといったものである。

こういった習慣は、ヒュームが述べるとおり、経験則によって形成されたものじゃな。なぜならば、他部族の者を殺しても、同族の組織的戦闘能力が高ければ、他部族はこれに対抗できないために損害が生じないが、同族内部で殺害行為をすれば、たちまち内紛となって損害が生じるからじゃ。

従って、歴史上こういった類の未開部族は、西欧文明の先進的な兵器と直面し、自らが平然と実行していた首狩りの習慣が野蛮であると指摘され、自らが西欧文明側による差別と狩猟の対象となったことを経験し、それを損害であると学習して初めて自らの蛮習を改めたのじゃ。

現代においても、中東における一部の集団が、異教徒の女性を人身売買し、子どもを殺害し、楽しむことをいまだに実行している理由は、まさにヒュームが指摘したように、そのような野蛮(であると外部が思うこと)をしても、彼らに損害が生じない環境があるからだ。

より簡単に言うと、保守政権である米共和党であれば、彼らのような野蛮な集団はその存在自体を許さないが、米民主党であれば口先のみで非難するも、具体的な討伐には至らない。経験則違反だと判断するには経験則が必要だが、リベラルにはその経験自体がない。だからこそ、彼らは外国人を誘拐して身代金を要求し、それがかなわないとナイフで人質の首を切り落とすことができる。

ヒュームの説明によれば、前述までの残酷で野蛮な集団であっても、損害が生じ得ない限り、その野蛮性が野蛮性と彼ら自身のなかで認識されず、社会規範として法制化され、国家が成立することになる。

ヒュームが述べる人間の情念は、性悪説を基礎としている。

若い女を見れば強姦し、他人の富を見れば強盗し、といったように今日では悪とされている一切を人間の情念が実行し得るといった前提がある。だが、人間の本来的な情念とは、快と不快の感覚であることはヒュームが述べる通りであるが、ここで一体何を持って快楽とするかは、人間なのか、それとも人間とは言えない存在なのかにより、全く異なるからだ。

「暴力や侵害から他人を守る」という正義の感情がある。弱きを助ける、という快楽の気持ちもある。

正義執行の意志とは、他人が苦しむ様子を見て喜ぶ邪悪を討ち、苦しむ他人を助け、悩む他人に救いの手を差し伸べることによって快楽を得る意志じゃ。人間のなかには、かくのごとき正義執行の意志を有する者が少なからずいる。

それこそが、正当なる意志であり、次世代に継ぐべき意志となる。

正義執行の意志は、先天的な情念として、全体の利益に寄与する行為を快楽とし、人類の福祉を損《そこ》ねる一切を不快とする。その意志を持つ者こそ、神の子孫を称するに相応しい。

もし、正義執行の意志がなければ、経験則は偶然に左右されて腐敗する一方であり、力なき者にとっては悪でしかならない。

もし、女性の売買が慣習的に認められてしまい、そこに正義執行の意志がなければ、一体どのようにして女性たちは男性の暴力に対抗するのだろうか。

ヒュームが述べたように「損害が生じると経験的に学習することで社会規範ができる」といった前提には、不正な経験則に対して一撃を加える正義執行の意志が不可欠である。

現実として日本では女子中学生が北朝鮮に誘拐されて、もう何十年も帰ってこない。

しかし、一人の女の子の人生が損なわれたからといって、ほかの大多数の日本人の命に影響が出るわけではないから良いではないかと看過されている。

むしろ、一人の女の子を救うために争いが起きるなどは不当であるとの「社会規範」がすでにできている。だからこそ放置されてきた。

だが、正義執行の意志は経験則の腐敗を絶対に許さない。すでに過去行われており、すでに社会全体が承認していることであったとしても正義執行の意志は、これらの不正と戦う勇気を持ち続ける。

では、ここで何を持って「正義」と定義するのか。

ヒュームによれば、それは「社会全体の利益である」と論じた。だが、そもそも利益とは何か。利益とは不快を避けて快楽を得ることではないのか。仮に、売春や賭博、酒乱を快楽とする意志が存在したとしても、それらに対して不快であるとする意志は必ず存在する。

そして、両者が戦った場合、これまでの人類の歴史に照らして、人々はどちらが正義であると「感じる」であろうか。夫のある妻が姦夫《かんぷ》と劣情を交わすことは快楽と呼べるかもしれない。

だが、それよりも強い快楽は、夫との愛を育み、夫との子を育て上げることだ。姦通のために家族を失い、自らの遺伝を継ぐ子どもが良く育たなくなることは不快ではないのか。

この意味では、より大きな不快を伴う快楽を求めた場合、その者は快楽ではなく不快を求めたこととなる。それは意志とは言えない。腐敗した経験則によって人間が持つ生来的な意志を忘却した者である。

腐敗に対しての寛容は、少女が拉致されても黙諾し、同胞が誘拐されて首を切られてもあざ笑い、同胞の血税で外国人が不正な金銭を得たとしても無関心であり、売春や賭博に対して親和性を持ち、家族の解体や罪なき胎児の殺処分を認め、軍拡する隣国を前にして自国の防備を糾弾し、秩序の維持そのものに無関心である。挙句、その外国の軍隊から金をもらっている。

正義執行の意志は、これらを絶対に許さない。許さないこと自体が、先天的に形成されるドーパミン報酬回路によって導かれているからである。

こういう輩には、ワシらの権利を行使して一撃を加えるべきじゃ!! 痛みを学習させなければ善を形成できないぞ!

死刑廃止論者に物申す!

「日本の死刑制度について考える懇話会」(井田良《まこと》座長)が死刑廃止を求める会議体を設けるよう政府へ要求を公表したことについて、林芳正官房長官は記者会見で「廃止することは適当でない」と発表した。

当然じゃ!!!!　死刑制度は正義の実現であり、理性の産物だからだ!

じゃあ、知性と理性の違いはなんじゃろな。

まず、知性とは何か?　それは「対象を認識する能力」じゃ。パッと見て、対象が硬い、柔らかい、小さい、大きい、多い、少ない、とかじゃな。1歳児に一万円札と千円札見せても、どちらが価値が高いかわかる子はそうそういない。これは数字という対象を認識する力がまだないからじゃな。

風俗とかも、孤児院育ちで資本が若い体以外何もないからガッツリ体売って、早慶卒の女性の生涯年収分を25歳までに稼ぐぞ!　というのは「対象(風俗とは何か)を認識できている」が、なんかちょっと興味本位で体験入店したり、素人AVに出たりして、あとになってバレて、何かの身分を失うのは、対象を認識する力が幼児のときから発達していない、ということじゃ。

さて、実は古代ギリシャ時代、理性と知性は同一視され、ロゴスという能力だと考えられていた。しかし、それから1500年くらい経つと、バカなのに優しい人とか、頭いいのに意味不明な暴力を振るう人とかがいるのがいて、現代日本でも、東大医学部卒の弁護士が女子大生を買春して地位を失ったりと、知性が客観的にあるはずなのに、性衝動を抑えきれず無様なことになっているよな。

ここから、スコラ哲学が発達すると「知性と理性は別もの」だと考えられるようになった。

じゃあ、理性とは何か？　18世紀になってようやくカントという人が、理性の限界を定義し、理性とは「格率」だといった。格率とは、秩序を維持する先天的な能力じゃな。たとえば、なぜ窃盗をしてはならないのか？　知性は「処罰されるから」という理由を答える。わずか1万円のものを盗んで刑務所にぶち込まれたら、どんな単純労働をしても、それ以上稼げるから損だよな。だが、言い換えれば、知性は「どんな悪いことをしても捕まらなければ大丈夫」という結論にもなる。

これに対して理性は、「しないからしない」という答えになる。理性は神授であり、神からもらった人間の特別な能力であり（実際、理性の存在は進化論では説明がつかない。人間にしかない力だ）、「そうあるべきであり、教育とは無関係に自ずから実践している行動規範」なわけじゃ。

よく死刑廃止派が、「死刑に犯罪抑止効果はない」とか言うじゃろ？　アレはまさに知性の結論であり、理性がない「動物的思考」なわけじゃ。抑止効果があるとかないとかはな、確かにルートヴィヒ・フォイエルバッハという刑法学者が「社会に潜在する犯罪予備群への抑止」という説明をしたが、実際そうではない。

「他人の生命を侵害し、しかもその理由に合理性はないから生きるべき理由がない」から執行するんじゃな。合理性とは、「そうあるべき」と理性の持ち主から普遍的に理解を得られることをいう。

マジで本音で悪いんだけど、強姦が犯罪なのはキリスト教でもユダヤ教でも仏教でもイスラム教でも共通しているが（何が強姦なのか定義は違っても）、ＬＧＢＴとか同性婚の容認は「普遍性」がないよな。局地的なんじゃ。

すると、これらは「権利の比較衡量」という知性の産物なんじゃな。何らかの権利を認めても特に現時点で問題は起きないからいいよ、という「知性」の問題じゃ。理性の結論ではない。

まあ、そんなわけで、社会が分断するのは、たいてい知性だけしかない屁理屈が、人口的に理性の持ち主よりも数が増えたときじゃな。知性が性衝動を抑止できないのは高学歴の皆さんの振る舞いを見てもわかるよな。理性とは別じゃ。

じゃあ最後に。

国家とは知性の産物か？　理性の産物か？

答えは言うまでもないよな。知性の産物なら人間以外にも国家ができておる。だからこそ、国家の指導者は高次の理性の持ち主でなければならないのじゃ！

「そうあるべし」という格率は、損得ではないぞ！

保守の目的は相続にあるんじゃ！

2024年3月、ワシは第5子を無事出産したぞ！（2025年3月には第6子を出産予定じゃ）自画自賛で恐縮じゃが、我が国の少子化の解決に少しでも貢献できればとの思いにて、産みの痛みに耐えた！

ワシが思うに、いま日本国が維持できなくなるほど子どもがいなくなっている原因はな、「責任感」がこれまでのどの時代よりもなくなっているからじゃ。

これは経済的な問題か？　いやいや、アフリカの最貧の人々でも子だくさんじゃろ。

じゃあ原因は何か。

たとえばな、ワシがイギリスに留学していたとき、日本人の女の子がかなりいたんじゃが、ほぼ挨拶代わりに初対面の男の子とセックスしていた。留学先ではっちゃけるのと、異国の不安感で男が欲しくなるのか知らんが、その子らを観察してみるとな、結局、責任回避の意識が強いんじゃ。

初対面で避妊せずセックスしたら、さまざまなリスクと「気持ちいい！」のトレードオフじゃろ。病気になったら？　抗生物質や抗ウイルス剤でなんとかなるっしょ！とか、妊娠したら？　中絶すればいいっしょ！　とかな。

こんなことを言っていたわけじゃ。

つまり、先進国だと医療や福祉が発達しているため、本来ならば困った人々を救済するための社会資本が「責任回避」のために流用されているわけじゃ。

じゃから自分の身体を好き勝手に使う。そこに父母からもらった大切な身体という認識はなく、「家庭と子どもを持ち、将来の国民を育てて国を引き継ぎ、安全と財産を守る」という責任感もないわけじゃ。

あのな、唐突なことかもしれんが、ワシら保守主義の根本的な国家観はな、「男女の夫婦」が「国家の起源」なんじゃ。実は、1600年代のイギリスで、2人の政治思想家が国家の起源について論争をしたことがあった。ジョン・ロックとロバート・フィルマーじゃ。

ロックは教科書に出てくるから知っとる人も多いじゃろ。ロックは「国家とは人民相互の契約で誕生した」と述べたんじゃ。これは原始時代に「理性ある原始人」が相互に契約行為をして、国家の基礎となる社会を形成したという思想じゃな。

じゃから、安全で豊かな国を守るという契約を守れなかった統治者は契約違反だから革命して首を刎《は》ねていいという結論になった。

これに対してフィルマーは「国家とは男女の愛から誕生した」と国家の起源を説明したんじゃ。まず、アダムとイブが愛し合い、子どもたちを産んだ。そして、両親が蓄えた田畑や家畜など財産を子どもたちに相続させた。この相続を何十世代も繰り返すと、やがて生まれた時点で莫大な財産を持つ子どもが生まれるよな。

この財産で飢えた人を救い、兵士を雇い安全を守ると、その血統がみんなから尊敬され、やがて「王権」になる。

この王権から国家が生まれた、とフィルマーは説明した。

みんなは「契約」と「相続」、どちらから国が生まれ、維持されたと思うかの？　ワシは相続だと思う。日本神話も、男女の神々から日本列島の島々が生まれたことになっているよな。これは、両親に愛され「望まれて生まれた子」が、両親から得た相続財産を軍事費にして兵士を従え、それぞれの島を平定して統治したことを表しているんじゃなかろうか。

現実にいまの日本は、契約は尊重されておるが、相続はないがしろにされておる。みんながいま住んでいる家と土地は、祖先から引き継いだものか？　違うよな。赤の他人から借りたり、買ったものじゃろ。

じゃから毎月の家賃やローンが大変で暮らしを圧迫しとるわけじゃ。本来なら子どもを産むための食糧や休息を得るためのお金を他人に払い続けているわけじゃ。

じゃあ、自分の祖先が住んでいた土地はどこにいったんじゃ！　どこかの時点で相

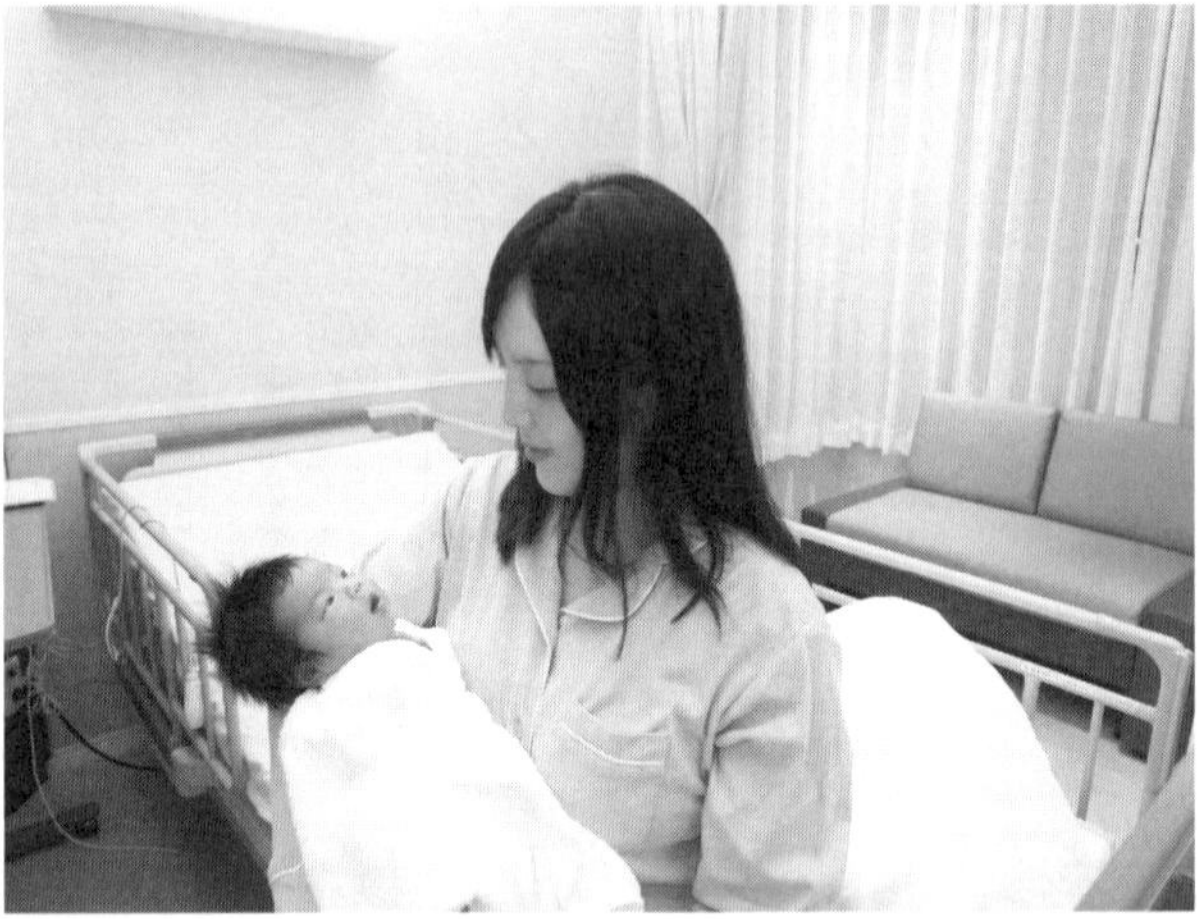

続に失敗したからないんじゃ。相続に失敗すると、個人も国家も、大変なことになるんじゃ。

なあ、いまワシらが恩恵を受けている安全と豊かさは、ワシらだけで築き上げたものか？　違うよな。ワシらの祖先から受け継いだものだよな。

保守とは、言語、宗教、文化、生活慣習、法秩序、財産、あらとあらゆる大切なものを祖先から相続して共有していくことにあるんじゃ。

ならば、ワシらの父祖がそうしたように、ワシらも未来に受け継げさせ「国家の相続」を成功させねばならん。

この責任感を前にして、子どもをつくる

相手にあれこれケチをつけている場合ではないと気づくはずじゃ。

敵は迫っておるぞ。ワシらが、安全と豊かさを水と空気みたいに思っているから、フリーライドを目的に、安全も豊かさもない地域から大量に押し寄せてくるぞ。「日本という国を相続させる」という強い責任感がいま必要なんじゃ！

自分が産みたいと思っても、さまざまな理由で産めなくても、同じ民族で同じ遺伝子を共有する子を支援して、あるいは孤児を養子にするなど、ワシらの歴史と文化を未来に伝える次世代のため、少子化解決に貢献するやり方はいろいろある！

それを個々人の善意に頼るのではなく、国家は政策に反映させなくてはならん。ワシはその政策を実行したい。日本を守るために頑張るぞ！　写真は新生児とワシじゃ！

橋本琴絵（はしもと ことえ）
昭和63年（1988）、広島県尾道市生まれ。平成23年（2011）、九州大学卒業。英国立バッキンガムシャー・ニュー大学院修了。広島県呉市竹原市豊田郡（江田島市東広島市三原市尾道市の一部）衆議院議員選出第5区より立候補。著書に『暴走するジェンダーフリー』『日本は核武装せよ！』『われ、正気か！』（ワック）、ほかに『中等修身女子用』（解説／ハート出版）がある。

われ、目覚《めざ》めよ！

2025年２月26日　初版発行
2025年３月27日　第２刷

著　者　橋本 琴絵

発行者　鈴木 隆一

発行所　ワック株式会社
東京都千代田区五番町 4-5　五番町コスモビル　〒 102-0076
電話　03-5226-7622
http://web-wac.co.jp/

印刷製本　大日本印刷株式会社

ISBN978-4-89831-919-2